故乡始终是蕴藏在心底里的记忆……

四川广元昭化古城

四川阿坝黑虎羌族古村

四川绵阳郪江古镇

四川甘孜丹巴藏族古村

四川成都洛带古镇

四川雅安宝兴硗碛藏族古村

四川广安顾县古镇

四川邛崃平乐古镇

四川雅安上里古镇

四川内江资中罗泉古镇

重庆石柱西沱古镇

四川雅安望鱼古镇

四川内江资中铁佛古镇

重庆渝北龙兴古镇

四川泸州合江福宝古镇

四川西昌礼州古镇

云南剑川沙溪白族古镇

云南会泽娜姑古镇

云南大理喜洲古镇

贵州安顺旧州古镇

云南大理云南驿白族古村

云南腾冲和顺古镇

云南大理巍山彝族回族古城

云南巍山东莲花彝族回族古村

云南楚雄黑井古镇

广西南宁扬美古镇

山西朔州右玉古城

山东德州苏禄王墓及北营守陵古村

陕西韩城党家村

陕西商洛漫川关古镇
河南淅川荆紫关古镇
湖北郧西上津古镇

江苏常熟沙家浜古镇　　江苏太仓沙溪古镇
安徽肥西三河古镇　　上海南汇新场古镇

浙江慈溪鸣鹤古镇

湖北宣恩彭家寨土家族古村　　　　　浙江宁海前童古镇
湖南湘西里耶土家族古镇　　江西婺源清华古镇
湖南湘西永顺王村土家族苗族古镇　　浙江台州皤滩古镇
浙江景宁东弄畲族古村

江西铅山河口古镇

江西樟树临江古镇

福建邵武和平古镇

江西广昌驿前古镇

福建泉州崇武古城
福建晋江福全古城

阮仪三　主编

遗 珠 拾 粹

中国古城古镇古村踏察

一

中国出版集团

东方出版中心

《遗珠拾粹》编辑委员会

主　编

阮仪三

副主编

石　楠　李　林

委　员

鹿　勤　马赤宇　寇永霞　王文彤
庄淑亭　陈　燕　潘　斌　边秀花

目 录

2

序言

石楠

1978 年 10 月，我第一次独自远离家乡江苏如皋，一个普普通通的县城，进入南京大学，读的是城市与区域规划专业。告别小县城进入省会，觉得眼花缭乱。毕业后我被分配到北京工作，更是折服于京城的辉煌壮阔。后来到国外留学，在世界各地考察，领略海外风情，惊叹于多元文化的绚丽多彩。一次有一位记者采访，问我最喜欢什么城市，居然脱口而出："小城市。"心中泛起对故乡的怀念。

如皋亦算是历史名城，设县治已有 1600 年历史，江尾海隅的区位，交通其实并不很便利，文化上处于南北交融地带，留下不少独特的遗产，比如，已故园林学家陈从周先生赞誉为"私园中别具一格"的水绘园，还有全国罕见的山门朝北开的千年古刹定慧寺，以及形如古钱的双环护城河格局，丁字街端头的钟楼等。记得小时候我每天踩着有些湿滑的石板路，穿过窄窄的街巷，到学校上课。放学后我和一帮好伙伴钻到水绘园公园，再翻过城墙，嬉戏于造纸厂一排排草垛里……故乡始终是蕴藏在心底里的记忆。我曾经在工作后趁着春节探亲的机会，拍了一些老街古巷的照片，可惜这些街巷后来都

被陆续拆除。只有双城河的格局依然保存着，水绘园得以重修，并且列入全国文物保护单位。

说起来，对于小城市的偏爱，不只是源于对故乡的依恋，还在于大学及工作中接触到的历史文化遗产知识。渐渐理解了，有价值的岂止于皇城的昔日辉煌，还有那些历史文化名城、名镇、名村。一座普普通通的小镇，可能就是一段历史的缩影，不经意间会泄露出历史的密码。甚至不只蕴涵于城市，而在广袤的土地上，在那些鲜为人知的集镇和村落里，完好地保存了中华文明的历史基因。

历史文化犹如一条流淌的河，每个人其实都浸淫于这长河里，大家都在不断地汲取养分。只是有人为此添砖加瓦，有人数典忘祖，干着荒唐的事情。早在出生那天，我们的身体就已经烙上了历史文化的印记，我们血脉中流淌着的，是千年积淀的东方传统。我们可以有一百条现实的理由，要拆除那些没有列入保护范围，甚至没有进入专业人员视野的遗产，但我们却只有一条理由，让我们必须对文化遗产负责：那是我们的根。

感谢阮仪三教授，还有他的团队，以及好些素昧平生的规划师、建筑师、研究生，他们做了一件功德无量的事，真实地记录了一处处古城、古镇、古村。这些古城、古镇、古村，有的已经列入保护名单，有些则还"深藏闺中"。阮教授和他的团队辛勤地挖掘，认真地踏勘，收集第一手资料，把这些瑰宝记载下来，让更多的人认识到它们的价值，进而推动它们妥善地保留下来。

记得若干年前的一天阮教授找到我，谈起他手里有一些古城古镇古村的

4　调研资料积累，很宝贵的材料，别的杂志不愿意发表，他希望通过《城市规划》杂志与大家分享。

作为一份学术期刊，发表这些具有学术价值的调研成果，是一份责任。但在当下这个一切都拿钱来衡量的社会，对一个没有任何财政补贴的刊物，靠自己的发行和广告收入来支撑这类很明显不具备市场效应的内容，的确是一种冒险。但最终，我们还是为这些调研内容和它背后的精神所打动。这些参与调查的大学老师、学生，何尝不是在作奉献？

于是，我们双方商定，以"遗珠拾粹"为栏目名称，由阮仪三教授主持，指导大家收集资料并整理调查报告，由中国城市规划学会的会刊《城市规划》杂志每期无偿提供两个彩色页面予以刊登，也算是对这项成果的支持。杂志的编辑和参与调研的人员密切配合，字斟句酌，仔细比选，采取图片为主、文字为辅的形式，立足文化遗产保护，重在真实记录。就这样每月一期，至今已连续发表了 100 期，共同铸就了《遗珠拾粹——中国古城古镇古村踏察》（二卷本）的雏形。

这期间，国家颁布了《城乡规划法》、《历史文化名城名镇名村保护条例》等重要法规，社会上对历史文化遗产的保护意识得到很大加强。有一些我们杂志上介绍过的城镇，已经被列为名城、名镇，这是我们共同坚持不懈的成果。承蒙东方出版中心慧眼，将这些调研成果经整合后分为两卷结集出版。阮先生嘱咐我为之写序，我一不敢班门弄斧，二不敢违抗师命，于是，记载下这段简短历史，作为回顾；也借此希望大家能够真正地重视这些古城古镇古村，珍惜中华民族的历史文化遗产，在快速发展的工业化、现代化步伐中，稍稍放慢自己的脚步，心怀敬意地体会一下古城古镇古村给我们带来的宁静和尊严。

愿造物主遗落在神州大地上的这些珍珠，持久地发出璀璨的光芒！

（作者为国际城市与区域规划师学会副主席、中国城市规划学会副理事长兼秘书长、
《城市规划》杂志执行主编、教授级高级城市规划师）

前言

阮仪三

我们伟大的祖国历史悠久，幅员广大，在历史的长河中留存了成千上万个历史文化城市和村镇，它们见证了时代的变迁和岁月的流逝。随着国家经济的快速发展，城镇建设事业的兴起，这些城市和村镇发生了巨大的变化，但由于人们对历史文化遗产所拥有的价值认识的不足，缺乏保护的意识和措施，许多优秀历史文化遗产就在不经意中消失了。1982 年始，中国有了"历史文化名城"的称号，到了 2003 年又有了"历史文化名镇名村"的称号，这些被赋予这个称号的城镇一般能注意保护，而许多未被有关部门所知的就得不到任何保护的措施，任其自生自灭，大多数会很快地消失。特别是随着近十年来城镇化的深入发展，许多农村也发生了变化，迅速地改变着自己原有的形态。在许多城镇新建时人们普遍地有着喜新厌旧的心态，多向往所谓的现代化风格，在建设中又急于求成，因而草草快速盖起的新建筑在风貌上都雷同，于是出现了万屋一面、千城一貌的情况，原来那种丰富多彩的城镇特色也很快地消失了。

一、调研的起始与运作

早在 20 世纪 80 年代时为了编写《中国城市建设史》，我调查了一些历史古城，同时也发现了不少很有特点的古城镇，于是专门进行了一些踏勘。这些成果当时在同济大学城规教研室编辑出版的《城市规划资料汇编》上以"城市志"的栏目发表，得到好几位老专家的赞赏。同济的陈从周、董鉴泓两位教授，北

6 京的郑孝燮先生等，他们都鼓励我要坚持下去，他们说趁现在还年轻，跑得动，要多走一点，多看一点，并能保住一些。当时我把这个事只当学术研究的事来做。但进入到90年代以后我国各地有了大规模建设，那些现代公路、铁路一通，这些城镇和街区很快地被拆掉了，这种拆毁的速度之快和破坏的手段之野蛮真是史无前例。在80年代初期我用规划管理的手段抢救了平遥，但当时和平遥相仿的历史古城如太谷、介休、忻城等就未能保住。在江南水乡地区我及时用规划管理的手段抢救了周庄、同里、甪直、乌镇、南浔、西塘等江南六镇，而周边地区的几十座同样具有秀美风光的水乡古镇却未能保住。我在做这些城镇的保护与发展规划时，强烈地感受到生活在古城镇里的居民及管理城镇的人大多不认识这些古镇的价值，当然更无心去保护它，并且都是想方设法要去改变它，认为破旧立新才是正确的发展方向。我觉得我们这些有这方面知识和认识的人，有义不容辞的责任，要去尽力地发现与保护它们，能保住一个是一个，而保护的前提是先要发现它们。从那时起我就继续了这种调研踏勘。大学里有暑假，我就每年组织学生，利用这段较长的日子，到一些城镇或村落去调研，去发掘、发现那些具有历史文化价值的城镇或村落，并要求他们认真按要求写出调研报告。在我带研究生的时期，这种调查，成为指定的一项必修课程。我的研究生们有了调研的经验后，就把他们所掌握的方法和经验传授给师弟师妹们，这样就一直传递下去。只是去调查这些城镇和村落要花差旅费，开始几年车费不太多，住在政府招待所也

7

不贵，后来费用都涨上去了，花费就多了，只能力所能及地去做，不能跑得太远，贵州、云南的一些点就只能结合专项任务顺便去看了。即使这样每年总要花费几万元，相当于每年花掉买一辆小汽车的钱。这些调研成果从2003年起在《城市规划》杂志上开辟了一个专栏为："遗珠拾粹"，意思就是被人们遗忘和丢弃的珍珠宝贝，你把它捡起来它就是珍宝，是我国历史文化的精粹。每月一期，也就是一个古城（镇、村）或街区，这样连续多年登载，每年12期，迄今已有100个城镇村，把这些小文集在一起，倒也洋洋大观。可是要知道这仅是我们收集到的百来个村镇，全国像这样拥有优秀遗存的古镇古村少说有几千个，可惜的是还不为人们所知，也有可能正在消逝。

二、踏察的古城古镇古村特点和类型

回顾这些我们调查过的中国古城古镇古村，大致有以下几种类型：

第一种是拥有特别精彩的历史遗存或是有完整的历史建筑群体，像福建省的培田古镇，整个村镇内房屋多是雕梁画栋，装饰考究，楹联题刻精美异常，古民居群由30多幢高堂华屋、21座宗祠、6处私家书院和4座庵庙道观、2道跨街牌坊及1条千米古街组成，街巷里石板路，门前旗杆石，至今保存完整。门楼匾额，房舍整洁，男女老少彬彬有礼，还保持着浓重耕读文化的遗风。

再如浙江前童，一进古镇，一股浓郁的古朴氛围将你笼罩。前童三面环山，为避免旱涝灾害，早在明正德四年（1509），由族长主持修筑5公里多

8 长的渠道灌溉农田，并流经每家每户，500余年来澄碧的水流穿巷绕街，还有暗渠从宅屋底下流出，屋里屋外溪水相连通。街道卵石铺筑，街旁溪水畅流，石板桥横溪搭铺，街角石栏古井，池渠鱼欢虾跃，一幅人水共生共荣的美景。

　　再如浙江台州仙居的古老集镇皤滩，原来是古代浙江省东南山乡的一个重要的食盐运销商埠，由于食盐的运销使得八方商贾汇集，清中叶时最为兴盛。主街呈龙形，鹅卵石铺嵌，弯曲有致，长达2公里，沿街店铺石板柜台比比皆是，是一大特色。古镇区集中大量明清建筑群，丰富多彩，有商家老店、民居古宅、书院义塾、祠堂庙宇等。近代以来铁路交通的发展，使皤滩盐路萧条，市面也风光不再，但老街的总体结构和历史建筑还保持完好，呈现一派明清以来的历史风貌。

　　像这样保存得较为完好的还有上海的新场、吴江的震泽、景德镇的瑶里古镇，以及广元的昭化古城等等。

　　说到昭化，这个古城对于我们的调研和保护工作有着特别重要的意义。2003年四川广元市元坝区的苟区长来到上海挂职学习，找到我说广元市元坝区有一个很有特点的昭化古城，要我去看，翌年我去看了。这是三国时张飞大战马超的地方，后来费祎在此镇守，拥有许多历史史迹及遗址，古城墙还残留着。特别令我惊喜的是，我发现整个古城里许多老房子还保持着明清以来的风貌，而且都是木梁、木柱、木屋架、瓦屋面，一些大型的建筑如考棚、老县衙等都还完好，用整块石板铺成的街道，两旁大多是木柱门面，虽然古城已经衰落破旧，但骨架仍在，修复有望。我很兴奋地回上海组织人员去进行了调研，并希望广元市尽快着手修缮，我觉得这是国内留存不多的古城了。2005年我主持了昭化古城的保护与整治规划，提出修缮一定要坚持原真性的维修。几经周折，广元市组织起精干的领导班子，聘请到有木结构施工经验的队伍和工匠，也买到所需的木材，开始对老街区的一些老建筑进行修缮。开始的工作还不很顺利，因为当地许多住户不愿意拆除那些随意搭建的简陋的现代方盒子房子，说木结构房子不好看，特别是街口的那些贴瓷砖的大玻璃窗的商店更不愿意改，所以进展很慢，我们只好先拣能做的做了，到 2007 年年底，基本上修完了一条老街。2008 年 5 月 12 日下午 2 时许，四川汶川发生了里氏 8 级大地震，广元地区也是十二大灾区之一。5 月 14 日，广元市和昭化古城的领导就打电话给我说，请你赶快来看，最近修过的木结构房子基本都保存完好，而许多没有修的方盒子房子全塌了，老百姓都说上海人很神，你们修的房子全好的，而自己盖的全塌了，所有的居民区都要求赶快按照规划改建。很快，四川省的领导也来看了，及时拨下了救灾费用。在 2008 年年底，老城的主要街道就全部按原样修复了，整个古城重现了原本的历史风貌，全是原汁原味的木梁、木柱、木作屋面。旅游也兴旺起来，当年春节游客来了 4 万人。昭化古城见证了中国传统木结构能抵御地震的功能，因为木材有柔软的弹性，并且它的柱、梁、屋架的连接都是用卯榫，这是中国古代精妙的木作工艺，它允许有小的扭动，就能化解外来的冲击，千百年来中国传统的木结构在中国这个多地震的地方保障了人民的安全生活。中国许多著名的大型木构高层建筑如山西应县木塔、河北蓟州独乐寺观音阁都经历了多次大地震，近千年来，依然完好地矗立。而这些木结构的房屋，近代以来不为人们重视，没有得到传承。汶川大地震时，那种简陋的混凝土房子在地震时都成了废墟一片，人员伤亡惨烈，极为痛惜。昭化古城有赖于这些木构房屋，地震时全城没有压死一个人，昭化见证了古代木结构技艺的精彩。我在《文汇报》上写了两篇文章——《地震一来见分晓》、《神奇的木结构》，就说了这个道理。丽江 1996 年遭遇 7 级大地震，而没有遭到致命的破坏，也是由于丽江多是木结构的民居，1997 年年底丽江被列入世界文化遗产名录。这是中国古城镇中呈现出来的重要的遗产价值，可惜现在还没有得到人们普遍的认识。近年来，为了发展旅游事业，许多地方修复古城古镇，都是做假古董，金玉其表，败絮其内。许多古街、古屋花里胡哨，不按传统技艺，全是为了哄骗人们眼球的装饰布景，实为可悲。

有一些古城镇，我是刻意去组织调研的。譬如在古长城沿线，20 世纪

10　　60 年代为编写《中国城市建设史》，我曾和董鉴泓教授先后去过"西汉四郡"——武威、张掖、酒泉、敦煌，后又去雁北边防要塞大同、左云、右玉，明代为防止北方少数民族的入侵整修了长城，并建了九边重镇，同时创立了一整套边防城镇体系。那时候去到边防要塞交通不便，路都不大好找，只有坐农村班车，也就是敞篷大卡车，栏板上拉几条麻绳作为拉手，一路颠簸，吃饱了灰尘，下车后还得步行一长段路才能到达。当时我们见到了保存完整的明代以来的城防设施，城门外有瓮城，瓮城外有月城，城墙上有箭楼、女墙、马面、窝铺，都完好留存；还有伸出墙外的翼城，城墙上的藏兵洞、粮仓以及许多与战争有关的衙署、庙堂、校场，城墙外的炮台、墩台、烽火台，一一俱全。那时的人们没有破坏的念头，是祖先留下来的东西，都珍惜地保护着。80 年代以后，人们都重经济了，能卖钱的东西都拆得精光，只留下少数的残痕，现代人们再也难以见到那些陈迹了。右玉古城总算还留着部分长城的墙体和一条老街，但远不是我们 60 年代看到的情况了。左云古城已荡然无存。保存得完好的有四川的松潘，近年经我们的规划整治已重现巍峨的边防城堡的风光。

　　明代在东南沿海为防倭寇入侵，在戚继光主持下修筑了许多边防城堡，像泉州的崇武、晋江的福全、邵武的和平等，它们都有坚固的城墙和许多防御设施，由于建在形势险要的海边，造成极好的景观风貌。

　　如崇武古城，为明代海防重镇。戚继光、郑成功都曾在此驻兵。古城墙全由花岗岩条石砌成，城内民居也均为石砌屋墙，设四门，均有门楼。城内道路为具备防御功能，多不相通，并为丁字路口，街巷狭窄，便于巷战。卫城内设有中军台、演武场，还有许多寺庙，除了一般的城隍庙，还有许多与战争有关的东岳庙、关帝庙、圣王公庙、五帝爷宫、神圣安王庙等。古城东南角的崇武灯塔是渔民集资兴建，为渔船保驾护航，也是一处佳景。这座古城留存了明代海防军事遗存，是一处完整的海防史迹地。

　　在福建晋江，福全古城也是明朝初年设立的卫所城市，有古城墙遗址、古庙宇、古民居及大量的摩崖石刻、碑刻等。古城内留存有明代大厝多处，寺庙19座，有的还相当完整，砖石雕琢细致精良。除了物质遗存以外，并传承下群众喜闻乐见的嘉礼戏（提线木偶戏）、布袋戏（掌中木偶戏）、大鼓吹、南音高甲戏等民间艺术和民间故事传说。

2006年全国政协启动了京杭大运河申报世界遗产的计划，以我名字命名的遗产保护基金会刚刚成立，我觉得也应该贡献一份力量，就出资组织了我的学生们对大运河沿线的城镇进行了一次普查性的调查，目的是要了解大运河的沿线情况到底怎么样了。因为我这些年来在江、浙、鲁一带的城镇中活动较多，但没有专门研究大运河，也知道山东段以北运河早已淤塞，想亲自了解一下情况。我把学生分成若干个组，花了一年半时间，把京杭运河整条线路踏勘了一遍。有的地方交通不便，都乘的农用小卡车在河堤上行驶。我在山东古村镇调查时还被狗咬伤了，上医院清洗伤口，打预防疫苗，吃了苦头。我们在运河沿线发现了许多精彩的村镇，像山东南阳古镇，就是著名的微山湖上的一个岛屿，大运河穿越这个自然湖泊开辟航运，途径小岛，破腹而过，两岸就是停泊休息补给的场所。南阳就留有清朝康熙和乾隆两代皇帝行舟驻泊的寓所，有天妃宫、河署、税关等历史遗迹，这种小镇别有风情。现在运河航道改了，行驶的是大吨位铁驳船，这段古运河废弃了，但还留下许多遗迹，只是近年来当地人在里运河上修了两座公园里常见的花栏杆石拱桥，当地人不懂，以为很美观，可是运河上要通大帆船，怎么能有石拱桥？真是大杀风景！后来我领衔帮南阳古镇做了保护规划，现在已有旅游事业的开展。

在山东德州北营村有古苏禄王的墓地。明永乐年间（1403—1424），古苏禄王是菲律宾群岛的酋长国王，来中国朝觐永乐皇帝，在归国途中不幸病故，被赐以王礼厚葬。大王子率众返国继承王位，王妃及次子、三子和侍从十余人留居德州守陵，后裔入籍中国，钦定以"温"、"安"二姓安居，其后裔迄今已传至21代。其中有苏禄王后裔（184人）及随从后裔百余人，600年来一直围墓而居，是典型的异邦守陵村，又是紧邻古运河的村落。大

12 运河是连结不同民族友谊的纽带。北营村具有重要的历史价值，有皇帝敕建的苏禄王陵、王子陵、王妃陵、清真寺等，为国家级文保单位，是中菲两国人民友谊交往的见证。1980 年菲律宾驻华大使专程来此瞻仰，1986 年中菲合摄大型传奇片《苏禄国王和中国皇帝》。这个古村富有传奇的特色，今后定将有发展前景。

大运河历史上有许多著名的古城镇，近百年来随着铁路和海运的兴起，运河的作用衰落了，这些过去的繁盛之地也逐渐萧条了。我们调查了天津的杨柳青，山东临清、张秋、周店、七级、阿城，江苏邵伯、湾头、高邮、窑湾、震泽、平望等许多已快被人们遗忘的小城镇，发现它们还拥有许多珍贵的历史遗址，特别是那些运河工程设施，凝结着古代科学的精华。岁月的销蚀还留痕，人为的破坏最无情。我专门去看了济宁的南旺古村。大运河从南向北延伸中地势陡然升高，古人创造了提高水位的分水坝、引水渠、水斗、船闸等，这些重要水利工程的所在地，现在只剩下孤零零的一座龙王庙，当地老百姓都记得这是纪念当年工部尚书郭守敬和民间匠师白英两位"龙王爷"的，可惜已改成小学校，危楼数间，摇摇欲坠。这个完全可以与都江堰相媲美的重大水利工程遗址，可惜全给后人糟蹋了，大运河也就永远断了流。大运河沿线的历史城镇调研成果，我提交给 2008 年世界规划师大会，作为交流论文，与会者都很赞赏，给这个研究项目颁发了国际城市与区域规划委员会"杰出成就奖"，为此，我还专程到西班牙马德里领取获奖证书。

从以大运河文化线路申报世界遗产，联想到丝绸之路也在申报，我想这种线路的非物质文化遗产在中国还很多。像茶马古道、川盐古道、四川的蜀道等在中国历史上都会留下珍贵的史迹和遗存。特别是这些古代的货物运输线路，必然会有聚落和旅驿，也就会形成特殊的城镇。果然我在陕西、湖北的学生赵逵、丁援等就提供了线索，连续两年我组织学生进行了踏勘，发现了陕西商洛漫川关等地。漫川关镇上有一条 2 里多长的老街，300 多户，街头有观音阁，街尾有龙王庙，明清时商业繁盛，人称"小汉口"。街上最著名的是骡帮会馆。骡子能走山路，骡帮运货至此，再由水码头转运，是当地盛产的芝麻、棉花和盐巴及瓷器的交流之所。老街上以双戏楼为中心，前后分布有多处会馆及庙宇。而双戏楼是漫川关标志性建筑，它由南式戏楼和北式戏楼并列组成，都有精美的砖雕、木雕。过去双戏楼常常唱对台戏，北秦腔、南汉剧同台演出。这是国内仅存的双戏楼，充分体现当地民间艺术繁荣及南北文化交融的景象。漫川关还拥有丰富的非物质文化遗产，在过去节日里，有牌灯、火麻狮子、龙灯、锣鼓棚、花灯船等活动形式，正月十五要比龙灯，固定节日有灶火，分为"高台故事"和踩高跷等，一些地方戏种和剧目均已列为国家非物质文化遗产。

还有湖北郧西上津古镇、宣恩彭家寨古村在历史上都曾繁荣兴盛。现代交通发展了，这些古镇古村失去了依仗的商旅客源而衰落，又由于地处边远，现代工业和设施也未及传入，所以还保持着较为原生的明清时代的风貌。像上津镇目前仍留有基本完好的古城墙，4座古城门也很完整，城墙、城门古朴浑厚，尽显楚汉雄风；城池四周有护城河，河水环绕，柳树依依，是绝好的思乡怀古之地。这样一座古镇就是一幅美妙的真实的故城风景。我们向国家建设部提供了资料，上津镇很快被评为第三批国家历史文化名镇。

除了这些古镇古村以外，在近代也有一些古镇古村拥有其独有特色。这些近代形成的村镇在南方较多，我们就调查了珠海的会同村。这个小村是按现代思想规划实施的，整个的村庄选址布局仍然从中国传统的"风水堪舆"的理念出发，布局要"负阴抱阳"，周围要青龙白虎的山水地势，但又要考虑到现代的交通和生活的方便，合理布局，统一规划，一次建成。它的建筑群包括南北碉楼、3座祠堂、40多幢民居和栖霞仙馆，栖霞仙馆是一幢有花园的高档别墅。这些建筑群多建于晚清和民国初年，只有近百年的历史，除防卫用的碉楼为钢筋混凝土结构外，宗祠和民居大多为砖木结构。会同村主要是村中主户莫家祖孙三代长期担任香港太古银行买办而得风气之先，受西方文化影响又要继承祖训而创建的中西合璧的小村，是大陆文化和海洋文化

14　结合兼容在村镇建设中的典型案例，对今日的乡村建设有很好的借鉴意义。这种近代风貌的小镇和历史街区还有唐家湾镇、铺前老街等。

　　我们还调查了一些特殊职能的古镇，如江西的铅山石塘古镇。这个"铅"不念qiān，而要念yán。这里原来生产纸张，过去除了宣纸以外，一般民间大量使用的书信、账册、印刷用纸等就是这里生产的连史纸，至今保留许多与纸有关的店铺与作坊，镇上有纸行、行帮、商人聚会的会馆。民居建筑造型也有自己的特色，开间小，进深大，称为街屋。造纸原料是竹浆，都从四方运来，纸张买卖运出都依赖于河道码头，相应商业兴旺。江西这种盛产连史纸的村镇还有上饶的陈坊古村等。现在这种连史纸已不再生产了，这个历史陈迹应该留存。

　　陕西铜川的陈炉古镇是中国古代名窑——耀川窑一脉单传的创造基地。陈炉的地名就是因"陶炉陈列"而得名。从元代以后开始"炉火千年不绝"，因而被称为东方古陶瓷生产的活化石，出土文物标本1.5万件。古镇上还留存着古代烧窑的许多遗迹，房屋街巷都是用烧窑的废钵匣垒砌，当地人称"罐罐墙"。瓷片铺的路面，五彩缤纷，极具观赏性。沿山坡是居住的窑洞，层层叠叠，具有特色。镇上建有东、西窑神庙和一些烧窑崇敬的寺庙道观，每年都有祭祀窑神的地方民俗活动。

　　江西浮梁的瑶里古镇也是古代生产瓷器的中心，还被认为是景德镇陶瓷的发祥地，至今还保留着用水碓木桩碾碎瓷土的老作坊，老屋、溪流、水轮、石臼、桩碓是罕见的古老历史的回声。古镇后山上，古陶瓷碎片俯拾皆是，是一处重要的旅游资源。山村也很有特色，数百座明清徽式建筑依山傍水，错落有致。一条清列的溪流穿镇而过，镇里居民们放养了红鲤鱼，大可盈尺，逐水漫游，饶有情趣。抗战时期陈毅同志曾率新四军在这里驻扎，留下多处革命史迹。附近有汪湖生态区，拥有原始森林，潭幽谷深，瀑布飞溅，我去现场踏勘过，是不可多得的真正自然景观，也是待开发的旅游胜地。

　　像这样美丽的古村镇，江西、安徽、福建还有很多，我们调查的只是其中的一小部分。像江西广昌县的驿前古镇是莲花之乡，有万亩莲塘，镇上的主要建筑也建造得像一艘游舫，与周围的莲荷水面组成绝妙的景色。还有江西的白鹭古村、安徽的三河古镇等等，都真的是"世外桃源"，确实是藏在深闺无人识。

三、调查的内容与方法

这些古城古镇古村的调研，我常称之为"踏察"，这里指一定要到实地去，要两条腿走到现场并亲眼观察，这样才能收集到第一手的资料，拍摄到真实的场景照片，还得找当地老乡们交谈以核证史实，返沪后还得查阅有关文献资料。同济大学在上海，有其得天独厚的条件，因为上海图书馆收藏有全国最完整的县志，这是殖民地时代，外国传教士们文化侵略四处搜罗来的，原来都是徐家汇天主堂藏书楼里的宝贝。在当地也要找规划城建部门收集有关地形图、城镇平面图，有了这些文字史料的佐证，这份图文并茂的调查报告才有根有据。从 2003 年起，《城市规划》杂志以"遗珠拾粹"的栏目刊载，迄今已有 100 期，也就是说有了 100 个历史城镇村或历史街区的调研资料。对于这些调研，我制定有统一的要求，调研内容包括：古城古镇古村基本概况，地理区位、行政归属、主要特点和突出风貌描述；自然地理环境与选址；建制沿革与发展简史；社会与经济发展概况；古城古镇古村的形成和在发展中的地位；总体格局与街巷体系；居住建筑、公共建筑与其他古迹分布及特点；公共空间节点（如桥梁、广场、河边、城楼等），有特色的景观和重要遗址；文化特征与民俗风情，如地方文化传统，重要民俗节庆仪式，历史名人轶事，居民日常生活状况，传统服饰与风味饮食，宗教信仰，地方文化或曲艺等。最后对古城古镇古村现状特征与保护价值作出评定，并提出保护策略与发展建议。

调查工作分两部分进行：

现场实地踏勘（10～15 天）收集第一手资料；返校后进行业内工作，

16　包括文献查阅、资料分析、图片整理与绘制成果汇总。

调查成果主要内容每份都由我仔细修改后成为"遗珠拾粹"专栏稿件，其基础资料存档；同时成果还提供给各省市县级地方政府，为地方城市历史遗产保护与开发管理提供依据。我们调研的许多古城、古镇、古村及历史街区，其中多个经过和他们协同申报而成为国家级的名城、名镇、名村和历史街区，如培田、前童、三河、新场、朱家角、瑶里、崇武、唐家湾等等，对它们的保护也就有了一定的保障。

四、中国古城古镇古村调研的意义

这支调研队伍深入到城镇和乡村，不仅成为地区交流的桥梁和纽带，也为城市历史文化保护提供了一部最为生动的教科书。

在调研现场，我们和当地政府工作人员协同工作，深入到每家每户，找寻一处处遗存，探寻历史踪迹，和当地居民、年迈的老者攀谈询问，和地方工作人员讨论研究……一方面是挖掘历史文化原始的资料，同时也传授了保护理念、历史遗存价值和资源的含义。

作为调研的参与者，我们深刻体会到：调研就像毛泽东评论当年万里长征一样——"是宣言书，是宣传队，是播种机"。尽管对于如此广博的土地，我们势单力薄，但我们始终相信——星星之火，可以燎原！

我们的学子们在实地踏勘过程中，深入到偏远地区或少数民族地区，经历了艰苦生活的磨炼和考验，培养了独立工作研究的能力；由教师、博士、硕士、研究生、本科生共同组成的纵向工作梯队，在暑假实践活动中同吃、同住、同工作，促进了梯队内部的交流学习；在与丰富多元的地方风俗文化和建筑艺术的直面体验中，学生们加深了对我国丰富灿烂的历史文化遗产的认识，树立并增强了保护城市历史遗产的责任感；在调查活动中，同学们掌握了踏勘、测绘、辨别建筑年代类别等基础工作方法，能够根据不同村镇的具体情况制定相应的调查策略，准确地提取地方典型元素，同时还在相互学习的过程中提高了摄影和测绘技巧。

我的学生毕业了，他们也继续着这些调研，这支队伍也有所壮大，像上海华东理工大学、湖北华中科技大学、湖南大学、西安建筑科技大学、苏州科技大学等也都能组织学生做调查，撰写报告，调研工作后继有人。

我们的调研活动始终是开放的：我们的队伍欢迎所有有志于城市历史保护的热血青年，我们的调研面对许多未为人知却行将消逝的中国古城古镇古村和历史街区。我们也希望借助于《城市规划》杂志和此书出版的媒介作用，把这些祖国的瑰宝展示给所有关心并希望保护这些历史遗存的人们。

这项调研活动，并不只是进行学术研究的调查、测绘和收集材料，更重要的是在地区间交流保护方法与经验，因地制宜地为各地方提出保护管理的建议措施，并长期关注这些地区的发展建设活动，防止多元的历史文化遗存不经意间损毁。

经过整整十年"遗珠拾粹"栏目的连载，已使众多的古城古镇古村和历史街区扬名于越来越多的社会群体间，也使这些原本平静的地方吸引了越来越多的学者、游客和开发商。或许，我们的呼喊可以使这些美丽的地方免于遭受推土机的毁灭，但如何使这样美丽的地方依然留存古朴而和谐的生活，是我们继续奋斗的方向。

五、中国古城古镇古村的保护与发展

调研的目的是为了要保护这些古城古镇古村，主要是看到了它们所具有的珍贵的历史文化和建筑艺术价值，这种保护的含义在当初认识还比较狭隘，就是希望不要遭到破坏，而一般的人们也只从风貌上去认识它们，欣赏它们历史的美感，激起保护历史文化遗产的意愿和行动。

20 世纪 90 年代初，江南水乡古镇被保护并得到了发展，以周庄古镇为首，开拓了旅游事业，逐步地显示出古镇从保护入手而带来的经济效益，而居民和政府的经济收入的来源，全在于利用古镇的风貌，从游客的观光中获得，许多

18   人就把旅游看作为古镇发展的唯一途径。但是旅游的发展是一柄双刃剑，旅游经济的膨胀很快就出现了环境被破坏和商业的泛滥等局面；古镇的居民们追逐利益，出现了全民经商、产品雷同等现象，使得媒体恶评纷起，游客指谪、埋怨；节假日游客的超负荷、原住民的迁出、古镇周围土地的被占用、房地产的介入，使得古镇生活景观逐渐消逝，古镇的环境日益恶化。其实这种情况在许多旅游风景区也都出现过，这是中国在改革开放以后，经济得到初步发展，旅游事业发展不平衡的普遍现象。同时这种情况的出现，正提醒了我们要思考历史城镇保护发展的前景。古镇古街保护下来就只是为了供人观赏？保护的最终目的是什么？怎样才能切实地保护住这些珍贵的遗产？这些历史城镇今后到底如何发展？这些问题都需要我们来思考，但是我们却没有实践经验。

前些时候为了汲取历史城镇保护的先进经验，我曾多次到欧洲考察，并专门组织了江南六镇的镇长们请联合国教科文组织协助开办培训班。世界遗产保护委员会的专家们带领我们看了许多先进国家的范例，给我们很大的启发。许多欧洲的古城、古镇的保护工作做得很踏实，原因是政府和居民一齐来保护，共同投资修缮，常修常新，并有立法监督，有完善的保护组织机构，政府也专门制定有关保护与维修的优惠政策。同时鼓励当地人在家乡投资做旅游服务，用税收的手段限制外来从业者，因此就不会出现当地居民外迁的情况。欧洲人崇尚田园风光，在大城市周围许多历史小镇都完好地保存着，老房子得到精心的修护。每到周末和节假日，城里人都跑到郊野农村度假，它们成为名副其实的城市后花园。每一个古城堡，每一幢古宅院都是一座传播文化的"博物馆"和"图书室"。欧洲各国在20世纪五六十年代兴起了古城保护和复兴运动，人们普遍知道保护传统文化遗产的意义和作用，为保存这许多历史遗存和民族传统而感到自豪。而欧洲许多国家的现代城市也都重视民族和地方特色，形成了各种丰富多彩的城市风貌。

从欧洲的这些经验中，我们可以领悟到保护历史城镇最终是为了留存我国优秀文化遗产，并为今后创建合理的生活环境留有基础；要合理发展旅游，适度控制，将一般观光旅游引向深度休闲旅游和体验旅游上去。在继承和发展民族文化方面，我前面提到的保护传统木构技艺和民居的理念，希望大家能产生共鸣，这是关系到和谐人居和生态低碳的思想。我相信在党中央提出发展文化事业，振兴民族文化的号召指引下，历史文化城镇和村落的保护与发展必然会走向兴旺之路。

承蒙东方出版中心的领导和编辑慧眼识珠，将这些年来刊载于《城市规划》杂志上的调研成果结集成书，经编辑加工和内容整合后分为两卷出版。东方出版中心戴欣倍编辑和书籍设计师张国樑先生为此二书的出版所付出的努力和辛劳，我铭记在心。与此同时，我还要感谢《城市规划》编辑部，先有执行主编石楠的欣然同意辟出专栏，再是每期的编审和设计排印，这里有李林、鹿勤、马赤宇、寇永霞、王文彤、庄淑亭、陈燕、潘斌、边秀花等同志的心血，而且是延续了整整十个年头，刊载这些丰富多彩的古城古镇古村调研成果。此外，本调研项目曾获得上海同济城市规划设计研究院的资助。对于所有花费大量时间和精力参与书中具体踏察、调研的同志，以及协助我组织这些调查工作、整理研究成果的葛亮、汪娴婷等同志，我也深表感谢！因调研时间跨度较大，调研报告中部分原作者的学校、单位、职务等相关信息现有所变动。另，调研对象的现状可能有所变化。书中所署调研者的身份和调研主体状况均系调研时，在此一并说明。还有一点需要提及的是，本书的目录编排并不完全按照城镇村所属的地域划分归类，而是以古城古镇古村的特点和类型来分，在此前提下兼顾所在区域。《遗珠拾粹——中国古城古镇古村踏察》（二卷本）的出版，让更多的读者能够了解到这些尚不太为人知晓的中国历史文化遗产，我认为这是一件功德无量的事。书中介绍的古城、古镇、古村，许多还留存着，希望大家通过阅读来了解它们，保护它们，并能合理利用它们。也希望更多有识之士能参与到"发现、调研和保护中国古城古镇古村"的工作中来，从而更加珍重中国的历史文化遗产！

20

荆紫关关门

河南淅川荆紫关古镇

1. 概况

荆紫关古镇位于河南省淅川县西北 65 公里的大山中，由于紧邻丹江，又是豫、鄂、陕三省交界处，这里自古便是北接秦晋、南通鄂渚的水陆重镇。明清时期，是国内著名商业贸易中心，各省商人纷纷在此建造精美的会馆，现在仍然留存的有山陕会馆、万寿宫（江西会馆）、禹王宫（湖南、湖北会馆）、平浪宫（船工会馆）。荆紫关老街与四川洛带老街一起被誉为国内保存最完整的"会馆街"。

荆紫关所在的丹江水域，自古是南北方的水运重要通道，有"陆通秦晋、水达吴楚"之称。以长江巴楚文化和以陕西、河南为代表的秦晋文化在这里汇聚，在建筑、戏曲、舞蹈、宗教各方面都彰显出多元文化的碰撞与交融。

古镇的戏曲种类繁多，流派风格各具特色。主要有：二黄戏（汉剧，由湖北传入）、越调（唱腔属豫西流派，兼容山陕梆子）、曲剧（又名"高台曲"或"曲子戏"，属地

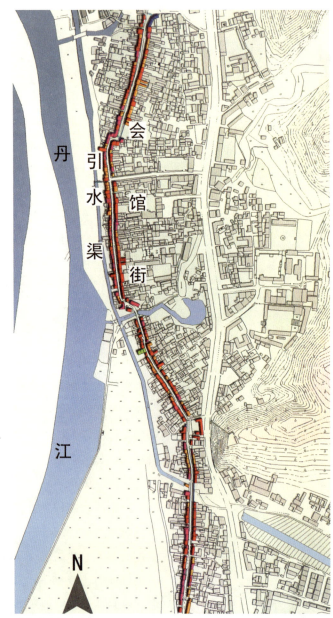

荆紫关古镇平面图

老街之一

方戏）、蛤蟆嗡（地方戏，伴奏乐器琴头有蛙状饰物，拉琴时嗡嗡作响）等。狮子舞、信子、高跷舞等舞蹈也十分流行。

古镇的宗教建筑有穆斯林的清真寺，天主教的福音堂，佛教的法海禅寺，道教的大岭观、小岭观、龙泉观等，是一个多教派混杂之地。此外，还有府台衙门、关门、古码头、"一脚踏三省"碑亭等众多古迹遗存。这些物质与非物质的文化遗产，为研究我国传统建筑中不同地域建造技术传承及多元文化融合提供了大量详尽的实物资料。

老街之二

老街之三

2. 街巷格局

四面青山一江水，老街处于群山怀抱之中，丹江水自西北向东南穿流而过，整条街紧依丹江的高坡地带展开，街道顺应地势弯曲。在北街与中街之间有两个大拐弯，当地人称"辘轳拐"，是古人对风水的考虑。

荆紫关老街总长 2.5 公里，基本保持着清代建筑的风貌。自关门向北，沿街依次排列老宅街铺 700 余间。民居多是"前店后居"形式，木铺门面，里面是院落，厢房对称，布局严谨，房与房之间大多有封火山墙相隔，华丽的会馆建筑镶嵌其中。

老街之四

山陕会馆 山陕会馆内的戏楼正面

山陕会馆内的钟鼓楼 山陕会馆内的后殿

3. 建筑特色

　　古镇有众多代表不同地域特色的地方会馆建筑，如江西、山西、陕西、湖北、河南、四川、广东等地方会馆，旧有"九宫十八庙"之称。

　　（1）山陕会馆

　　山西、陕西会馆始建于清道光年间（1821—1850），面临丹江，占地1700平方米，总建筑面积4000平方米，房屋30余间。主体建筑依次为门楼、戏楼、中殿（大殿）、钟楼、鼓楼、后殿、拜殿（春

山陕会馆内的大殿装饰拱

秋阁）。戏楼的前后檐有木雕组画，雕绘精湛；主体建筑春秋阁，面阔3间，为硬山式建筑；大殿、钟楼、鼓楼造型优美，木雕精良。

（2）禹王宫

湖南、湖北会馆，紧挨山陕会馆，坐东向西，清代建筑，供奉禹王作为乡神，以精美的石雕著称。如今已改为学校，除了临街的前宫还保留着当年的模样，其余的部分建筑物的内外有较大的改动。

禹王宫

禹王宫精美的石雕

万寿宫

平浪宫钟鼓楼

26

（3）万寿宫

江西会馆，面对丹江，坐落在街道东侧，清代硬山式建筑。

（4）平浪宫

船工的行业会馆，宫内祭拜杨泗爷，是船工娱乐、集会之地。该宫坐东向西，面对丹江，中轴线上现存大门楼、中宫、后宫及配房数间。宫门外有钟、鼓楼各一座，为四角攒尖顶，三重檐，顶部有宝珠和塔刹，造型精致独特。

4. 保护建议

荆紫关古镇上留有精美的历史建筑，并已列为文物保护单位，已按文物要求受到保护。但从历史城镇与街区来看，主要应保护其整体的特色风貌及其周围的历史环境。

平浪宫山门

另外，这些历史建筑要合理使用，居民住在内要过日子，就会有必要的更新改造，这是文物法所不涉及的，要处理好其中的关系。该古镇必须重新制订历史名镇保护规划，应按《历史文化名城、名镇、名村保护条例》执行之。

图文：

赵　逵　同济大学建筑与城市规划学院博士后
　　　　华中科技大学建筑与城市规划学院副教授
邵　岚　华中科技大学建筑与城市规划学院硕士生

28

漫川关古镇鸟瞰

陕西商洛漫川关古镇

1. 概况

漫川关古镇位于陕西商洛市山阳县东南，依山傍水。由于地处陕、鄂、川、豫边陲，昔日为秦、楚、巴相交之地，因此历朝历代均在此设防。附近还有荆紫关、上津关、夹河关等众多关卡，是古代军事与商业的交通要道。

古镇的民间工艺刺绣主要体现在小孩的肚兜、帽子和小绣花鞋上。每逢端午节，孩子们都会戴上有精致刺绣的红布兜兜（据说具有避邪作用）。

游街是漫川关重要的节日活动，有牌灯、亮狮子、火麻狮子、龙灯、锣鼓棚、古灯、花灯船等活动形式，一般从下午开始，到次日凌晨才结束。每到正月十五和正月十六，上街、中街、下街的人们纷纷耍起龙灯，互相比试。

古镇在固定节日会举行社火，分为"高台故事"（在桌上演戏，桌子被四个人抬着）、"平台故事"以及踩高跷。此外，还有一些特色戏曲，主要有汉二黄（据说是京剧

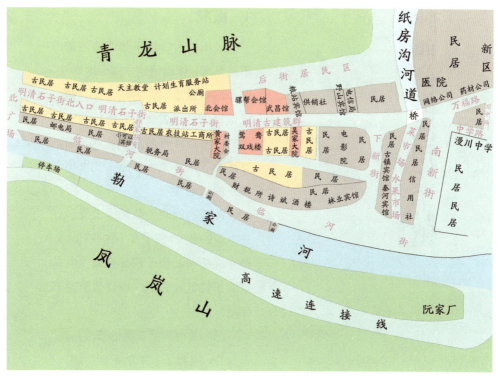

青龙山脉

后街居民区

古民居 古民居 古民居 天主教堂 计划生育服务站
公厕
北 明清石子街北入口 明清石子街
广 古民居 古民居 古民居 古民居 明清石子街
场 民居 邮电局 古民居 农技站 工商所 黄家大院
临 税务局 民居
民居 河
停车场 民居 财税所 诗斌酒楼
勒 民居
家 公厕
河

纸房沟河道

骡帮会馆 民居 新
北会馆 供销社 电信局 区
武昌馆 医院 民居 药材公司
野山茶馆 万福路
明清古建筑群 网络公司
鸳 吴家大院 古民居 电影院 民居 南 漫川中学
鸯 古民居 古民居 民居 民居 新 民居
楼 古民居 菜市场 民居 街 民居
古民居 民居 民居 信用社 民居
民居 林业宾馆 古镇宾馆
水果市场 泰河宾馆
中空路
桥
下新街

凤 高 速 连 接 线 阮家厂
岚 山

老街平面示意图

前身，属地方剧种）、曲剧（南阳剧种，有时三四个戏同时唱，互相竞赛）、漫川大调（一种唱腔神似昆曲的民间曲调，已被列为国家非物质文化遗产）等，品种繁多，汇集南北特色。

2. 古镇布局

（1）水旱码头

古镇地处"水旱码头"转运节点。"水码头"在金钱河边（以前叫"黎家湾"，又叫"税子口码头"），沿金钱河顺流而下45公里即可进入汉水，汇入长江，因此这里自古水运繁忙。沿岸曾有盐税关口、庙宇、牌楼、戏馆等众多老建筑，现在除杨泗庙复建外，其他均已无存。

与"水码头"相隔1公里多路是"旱码头"，即现在的漫川关老街，街长1公里，有住家300多户，形状像蝎子。上街为蝎尾，下街为蝎头，中间最窄，街头曾建有观音阁，街尾有龙王庙，明清时号称"小汉口"。

"旱码头"最著名的是骡帮会馆，主管骡马商帮；而"水码头"的杨泗庙则是船帮会馆，骡帮货物运输至此，再由"水码头"转运各地。当地盛产桐油、芝麻油和棉花，山西运城的潞盐（骡帮拉盐巴）在此地换江西的瓷器（船帮拉瓷器）、紫阳的茶叶和浙江的丝绸，而且金沙河上游还有金矿。正是各类商品在此云集，水陆交替，促成了漫川关的繁荣。

（2）老街

漫川关老街以双戏楼为中心，前后分布有武昌会馆、北会馆、武圣宫、娘娘庙、三官庙、慈王庙。街道长而狭窄，均用石条、石子铺成。

老街商铺

老街之一

老街之二

老街之三

两旁民宅，多以木板为壁，青砖为墙，小瓦为顶。建筑两层高，上层为阁楼，房檐、屋脊均雕工细腻，山墙处层层叠叠，盘花翘角，非常精美。老街日日有集，商铺颇多，民风颇具秦风楚韵。

3. 建筑特色

（1）双戏楼

清代建造，是漫川关的标志性建筑，在建筑、绘画、砖雕、石雕、木雕等方面都有独到之处。它由南式戏楼和北式戏楼并列组成，南戏楼为重檐歇山牌楼式，翼角高翘，细腻灵秀；北戏楼为单檐歇山式，大气挺拔。戏楼两端用硬山封火墙隔开，中间有演员休息室巧妙连接。过去双戏楼经常唱对台戏，往往北秦腔、南汉剧同台演出。这种国内仅存的双戏楼形式，充分展现了当地民间戏剧的繁荣以及南北文化的交融。

（2）骡帮会馆

又称"马王庙"，清光绪十二年（1886）修建，位于漫川关老街中心，为商人会聚之所，与双戏楼隔广场相对，为四水归堂式清代砖木建筑，砖雕、木雕和墙绘都精致美丽。会馆分上殿和下殿，东西侧

鸳鸯双戏楼

北会馆

各建厢房 3 间。解放后长期为漫川关小学校舍，现为文管所。

（3）北会馆

修建于清光绪十三年（1887），位于漫川关老街镇政府大院内，骡帮会馆北面。会馆前面有古柏两棵。建筑分上殿、下殿，有内天井。建筑山墙面青砖上多处刻有"北会馆"字样。

（4）杨泗庙

又称"武圣宫"、"船帮会馆"，位于漫川关镇水码头村，依山面河，为砖砌五花山墙硬山顶，檐下为拱板装饰，建筑工艺独特。庙内供奉着杨泗爷、关帝、观世音等多座神像。

（5）武昌会馆

清代建筑，现仅存的两间房屋为硬山双坡顶。

4. 保护建议

漫川关是一座快被人们遗忘了的骡马帮行脚的古驿，留存了令人惊叹

武昌会馆、骡帮会馆鸟瞰

的双戏楼、骡帮会馆等精美奇特的历史建筑。随着现代交通的兴起，水码头、旱码头自然就逐步地消亡了。我们要着意地留存这些历史的遗存，这是社会和城镇发展史上的记忆，保护它们就显得格外重要和迫切。重要的是要做好保护规划，要控制现代建筑的建造，特别是要教育民众，提高人们对历史传统文化的尊重和爱护，让他们充分意识到这是珍贵的有价值的文化遗产。

图文：

赵　逵　同济大学建筑与城市规划学院博士后
　　　　华中科技大学建筑与城市规划学院副教授
罗德胤　清华大学建筑学院副教授

36

上津古镇鸟瞰

湖北郧西上津古镇

1. 概况

上津古镇，位于陕鄂交界，东邻河南，西依重庆，秦岭横亘于北，汉水蜿蜒于南，是古代秦楚的重要分水岭，素有"秦寨楚城"之称，因留有古城墙而出名。

"津"，古语"码头"之意。小镇"因水而生，因码头而兴"。镇中有汉江支流金钱河流过，此河源于秦岭，由陕西山阳县漫川关进入湖北，经上津至夹河关汇入汉水，再过襄阳城，舟行350公里，就是商埠重镇汉口。此航道，早在唐代中期，就成为南方贡赋北运长安的重要通道。民国期间，上津一带还可通10吨级木船。也正是上津重要的地理交通位置，被古人誉为"天子渡口"。同时，这条古道亦是古代用兵的必经之路，如曹魏南下、金人及元初蒙古人用兵都是经此通道进入荆楚之地。

由于独特的地理位置，上津历经了多次设郡、县的变化，距今已有1800多年历史。直到解放初期，这里仍是鄂西北边陲的一大重镇，

城门

38

老城墙

后来，金钱河上拦河建坝，河水改道，古镇失去水运优势逐渐衰落。

2. 古镇布局

由于深山偏远，上津镇目前仍有保存完好的古城墙及古城门。现存城墙，砖石结构，建于明永乐元年（1403），初为土城，后次第塌毁。明正德年间（1506—1521）加以维修，用石砖垒砌，加宽加高。至今古城墙砖上仍有"上津公修"等字样。

古城池呈不规则长方形，东西长千余米，南北宽306米，城墙周长1236米，墙体上窄下宽成梯形，平均高6.8米。目前，古城除城楼和城垣局部被毁外，整体保存较好，特别是南、北、东、西4座城门，至今完整，名为"达楚"、"接秦"、"通

老街上的旧衙署

老街上的天主教堂

旧衙署内天井

郎"、"连汉",西南还有一便民门,
城墙与城门连在一起,古朴浑厚,
尽显楚汉雄风。城池四周有护城河,
河水环绕,柳树依依。清末以前,
出城有大台阶直通水岸码头,可惜
后来河水改道,码头也早已荒废。

　　镇中有长约500米的明清街,
是连通古城内外的一条老街。老街
上有一座旧衙署,衙门上书"上关县"

40

老街之一

老街之二

三字。这里也曾是湖北省第一个解放的县级人民政府。离衙署不远，还有一座外籍传教士1905年在鄂西北建立的第一个天主教堂，显示着浓郁的西洋韵味。

老街之三

3. 建筑特色

古镇民居多为四合院结构，三四户一院，温馨而和谐。院子里内置天井，飞檐斗拱，多进数重院，古色古香。房屋为砖木结构，基础多为石砌，有"墙倒屋不塌"之说。

古城外有一保存完好的会馆建

古镇民居

山陕会馆的刻字墙砖

筑——山陕会馆，距今有200多年的历史，会馆墙砖上刻满了"山陕会馆"字样，十分独特。

4. 保护建议

上津独特的交通、地理位置，成就了古镇繁荣的商业。清末至民国年间，城镇大户主要经营粮食、桐、木油、土纸、药材、布匹等土特产品，运销老河口、汉口及陕西各地。清末商号以洪兴魁、谢万顺等"八大家"最为著称。民国年间，"八大家"后裔又以"三把刀"出名，民间称"进街一矛子，横街一刀子，城内一斧子"三家刀具业。繁荣的商业，也引来了南北各地丰富的民俗工艺，如泥塑、纸扎、刺绣、剪纸等都在民间广为流行。每逢春节、元宵等节日，舞狮子、划彩船、跑竹马、踩高跷、玩蚌壳、"高台故事"等地方传统

山陕会馆

节目纷纷登场，热闹非凡，其中许多民俗仍然保留至今。

上津的古建筑群及各类非物质文化遗产，有较高的历史和建筑价值，是一座古代城池的活的标本，2007 年古镇被评为第三批中国历史文化名镇，已有保护。建议政府筹集资金整修老街的传统民居，并逐步改善古镇的基础设施，以提升古镇居民的生活质量。

图文：
赵　逵　同济大学建筑与城市规划学院博士后
　　　　华中科技大学建筑与城市规划学院副教授
罗德胤　清华大学建筑学院副教授

旧州古镇鸟瞰

贵州安顺旧州古镇

1. 概况

旧州古镇位于贵州省中部，安顺市西秀区东南部，历史悠久，文化底蕴丰厚，2006 年被公布为省级历史文化名镇。旧州镇是贵州历史上开发较早的区域，明朝时是内地联系云南的锁钥之地，区域地理位置优越，战略地位重要，历史上商业和手工业十分繁荣。

旧州，原名安顺州，元至正十一年（1351）起为安顺州治所，设贵州安慰司普定土府安顺州，距今已有 650 多年的历史。明成化年间，治所迁往"阿达堡"（今安顺市），故更名为"旧州"，有古旧州府之意。旧州是安顺辖区内历史最悠久的古集镇之一，是历史上中央集权在安顺设置治所最早的地方，在历史上拥有过较高的政治地位。

旧州古镇的屯堡文化是基于特定历史背景下的文化衍生物，也是古镇的重要特色。明初，朱元璋实行调北征南、调北填南的军事策略，随即逐步形成了星罗棋布于今安顺市、贵阳市一带的军屯小镇。许多

旧州地戏表演

旧州二十五眼桥

小镇现已不复存在，旧州古镇还留存至今。

在今日的旧州古镇可以看到女子身穿一种形似异族的五彩多姿的服饰，这正是600年前明代汉族女子的传统服饰，仍然延续至今。在旧州这是日常生活的便装，随处可见，在婚丧嫁娶和节日时，盛装则更独具魅力。旧州屯堡妇女的服饰，是民风民俗考察一道亮丽的风景。

地戏被称为古镇戏曲史上的"活化石"，是当年军队带来的"军傩"的延续。旧州屯堡人依村寨门前或寨中空地为戏台，以憨直拙朴、粗犷自然的露天演唱形式，用唱、念、做、打的艺术手法，表现《三国》、《封神》、《薛刚反唐》、《精忠传》等中国古代忠义历史故事和神话传说。詹家屯村的地戏曾在台湾、上海等地演出，并参与排演了张艺谋导演的电影《千里走单骑》，引起轰动，登上了大雅之堂。

石墙古巷道

2. 古镇布局

朱元璋的"遣汉制夷"政策使古时的旧州屯堡先民身处民族纷争、土匪袭扰的危险境地，生存的需要迫使他们在居所的营造上将军事防御作为首位。这种思想贯穿于城镇格局形态，民居的选址、布局甚至建筑细节的处理，并最终体现在传统民居的空间和建筑形态上，形成依山就势，封闭而具有对抗外部攻击能力的整体防御系统。

旧州古镇形态依据八阵图所建，围绕小屯山构成一个封闭的环路，内部多为曲折狭窄巷道，若外敌侵入，则如陷入迷宫一般，分不清方位。

用于防御的枪眼

古驿道

一些巷道更是蜿蜒曲折，利于防守，如七道坎等。旧州现存一处城墙遗址，护城河依旧保持其清晰完整的河道线路，可以推断当时的城墙加护城河的防御体系的完备性。

48

鱼鳞般的石瓦屋顶

门头簃

石瓦顶建筑群

木结构民居

木雕窗饰

3. 建筑特色

　　旧州可以说是座石头城，古镇内大大小小的建筑均由清一色的石块、石板、石片建造而成。古镇色彩统一，呈灰白色，清新明快。黔地多山石，质地坚硬，耐久度高，可以就地取材，因地制宜，选择石材建筑房屋。这不仅因为取材容易，反映了屯堡旧州人的生态意识，同时也符合军事城镇建筑坚固抗击的需求。黔中南安顺的广大地区还散布着许多这样的"石城"，都反映

典型传统民居之一

　　了这样的特色。同时，这里的建筑
形式与结构也秉承了江淮文化的渊
源与特色，以木为内部构架，采用"墙
倒屋不倒"的穿斗式柱架，多以石
木结构为主，木结构承重，石墙起
围护作用。这类建筑的屋顶极具特
色，均以天然石加工成大小一致的

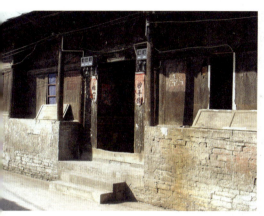

典型传统民居之二

51

方形石片作为瓦片，呈菱形铺上，错落有致，如同鱼鳞一般。

4. 保护建议

旧州古镇最大特点在于其历史风貌的整体完好性，对旧州古镇应从古镇的空间形态、街巷格局、院落空间、历史建筑、传统文化、自然环境等层面进行全面、系统的保护，以保护古镇完整的历史风貌。

建议重点修缮旧州古城墙等文物保护单位以及重要的历史建筑物。修缮传统街巷两侧的传统建筑，整治清理历史街区内传统街巷两侧的非传统建筑，拆除违章搭建和严重影响古镇景观的现代建筑，维护西街、东街、南街、北街、北后街、钟家巷等传统街巷的界面特征、空间尺度，恢复古镇街巷的传统风貌。

图文：
杨 开 同济大学建筑与城市规划学院硕士生
参与调查人员：
张 松、缪 洁、杨箐丛、沈 颖、朱 隽

左江风光

广西南宁扬美古镇

1. 概况 53

扬美古镇隶属于广西南宁江南区，位于南宁市区之西 40 公里处，坐落在左江下游，三面环江，形如半岛，风光秀丽。

扬美始建于宋代，至今已有上千年的历史。据史籍记载，扬美是南宁明清时期的三个商业中心之一，盛产酸菜、豆豉、辣椒酱。古镇东、南、西、北水路畅通，船只上右江可达百色，转云贵，南边上左江，可通达龙州，东边邕江直下梧州，北通漓江。在明清时期是西南联系东南亚的交通枢纽之一，至民国年间都是繁华的商埠，素有"小南宁"之称。

扬美古时因荆棘丛生，白花遍地，始得名"白花村"。宋代狄青平蛮，中原人士南迁，一代代客家人开始在这里成家立户，繁衍生息，至今仍延续着浓厚的客家文化传统。古镇明清直至民国，商贾辐辏，店铺林立，歌楼酒肆繁华。药号、当铺、绸布店、棉花厂、烟纸店、南北货、米庄、酱园、书场等至今仍有多处

临江古闸

54 留存。此外，扬美坡岭俊秀，江水清幽，古树参天，翠竹成林，石怪岩奇，稻田逐浪，蕉林似海，荷花飘香，空气清新，老人长寿，堪称古今适宜人居的典范。

扬美古镇可谓含客家文化之留存，集传统民居之佳构，存古镇商业之繁盛，显岭南家园之风韵。

扬美古镇自然景观

临江街街景

共和巷街景

金马街热闹的早市

2. 古镇布局

　　扬美古镇以共和街、永安街、金马街为"十"字骨架，在临江街、金马街等古街巷还保存有较为完整的古镇传统民居群，以及多个池沼塘池，和镇旁的邕江形成独特的广西水乡风光。扬美古镇的传统民居街坊建筑层数往往较低，但建筑密度较大，街巷幽长曲折并且分布密集，以宗族为纽带的纵向院落组织形态和以鱼塘为中心的放射性建筑布局是构成古镇肌理的特色之一。

传统型建筑尺度　　　　　　　　　传统型建筑肌理

传统型建筑尺度与肌理图

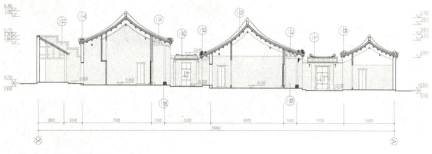

黄氏民居局部

黄氏民居测绘图

3. 建筑特色

　　古镇现存传统民居集中在八大古街两侧及各池塘沿岸，以清时建筑为最多，间有明末及民国时期的建筑，其中明代民居、进士屋、举人屋、黄氏庄园等规模较大，保存较好。传统建筑多为硬山搁檩的汉式民居，以二合院为基本空间单元，纵向以重重院落相套，横向以通道连接。墙体多为砖砌，瓦屋面，建筑细部、装饰风格则有典型的两广特色。

建筑细部

魁星楼

民居独特的木结构之一

民居独特的木结构之二

4. 保护建议

古镇大部分老建筑年久失修，部分文物古迹点没有得到及时保护与修缮，其周围环境也缺乏保护与控制；缺乏现代基础设施，居民生活水平较差；居住人口老龄化，空巢化现象突出，古镇日渐衰落；民居的无序改建、搭建、拆除、新建等现象，对传统风貌完整性造成了一定的影响；镇区保护缺乏必要的手段和措施，没有明确的保护机构和稳定的经费来源，保护机制尚未完善。

目前扬美古镇已经编制了保护规划，新的保护及旅游发展机构也正在筹建中，南宁至扬美的一级公路项目也已列入政府预算。建议尽快制定相关的保护及管理办法，重点资助和定期指导正确的建筑维修方式，加强环境整治和建筑保护力度。

图文：
顾晓伟　同济大学国家历史文化名城研究中心，博士
葛　亮　同济大学国家历史文化名城研究中心规划师

和平古镇鸟瞰

福建邵武和平古镇

1. 概况

59

和平古镇地处福建省北部，邵武市西南，属低山丘陵地带，农耕历史悠久，素有"闽北粮仓"之称。

古镇内的古堡建于明万历十六年 (1588)，以防范匪寇。古城堡周长 200 米，辟 8 门，东西南北 4 个主城门上建谯楼。现存东、北、西 3 座城门和东、北 2 座谯楼。谯楼均木构，东门谯楼为三檐歇山式顶，北门谯楼为重檐歇山式顶，因面对武阳峰，故又称"武阳楼"。

和平古堡为民间自发集资建造，城墙墙体就地取用河卵石砌筑，与官方所建郡县城池用特别烧制的城墙砖筑造迥然不同，故又称"土堡"。

北门谯楼

高墙窄巷　　　　　　　　　　　　和平街

2. 街巷格局

古镇主街为南北向的和平街和东西向的东门街，两街"丁"字相交于古镇中心。另有数十条纵横交错，呈网络状的古卵石巷道从主街延伸发散，形成较为完整的古街巷体系。

和平街连接南北城门，形成于后唐天成元年(926)，长600余米，宽6至8米，街中心以青石板铺筑，两侧铺河卵石。临街建筑多为前店后居。地形北高南低，随形就势形成"九曲十三弯"的走势，宛如一条腾起欲飞的青龙；而古镇东北隅和西北隅各有一眼水井，恰如青龙的双眼。东门街连接东门与和平街，双排青石板铺就，长约200米，宽约2至4米，是交通性道路。

主街两侧的大小巷道，呈现出"高墙窄巷"的形态。这些巷道长的数百米，短的仅十几米，宽者可过轿车，最窄者仅容一人通行，纵横交错，曲折迂回，且时有过街楼、巷门等间隔，行走其间，犹如迷宫。

李氏大夫第

3. 建筑特色

和平古镇有明清民居建筑百余幢，其中仅"大夫第"就有5座，还有司马第、郎官第、"恩魁"宅、"贡元"宅等，均为四合天井院落布局，以斗砖封火墙围合，以二进厅的中型合院为多见，亦有纵向数进和横向护厝相结合的大型合院。屋面均采用四面坡向天井的"四水归一"做法，以使"肥水不流外人田"。古镇的古民居建筑砖木雕饰丰富，技艺精湛，且多以隐喻的形式体现

道、佛、儒的哲理，展示出浓重的群体文化心态。

当地传统聚族而居，故多座院落连环组合成院落群。合院间有公共通道并辟小门（当地俗称"孝顺门"）以相互沟通。高大的封火山墙多为阶梯状三山或五山式"马头墙"，高低起伏，纵横交错，青砖黑瓦，加之弧线起翘，极富层次韵律感。

和平古镇内现遗存的公共建筑有和平书院、县丞署、谢氏庄仓、旧市三宫、旧市义仓、岐山公祠等。

木雕窗花 　　　　　　　　　　黄氏大夫第

（1）和平书院

和平书院开宗族办学之先河，是闽北历史上最早的一座书院，系后唐工部侍郎黄峭（871—953）弃官归隐时创建。现存建筑为清乾隆三十四年（1769）复建，位于古镇西北隅，四合天井式建筑，马头墙、单进厅、穿斗式构架。天井两侧建廊楼，堂房地面高出天井和廊楼地面约1.6米，天井正中筑13级石阶达堂房大厅。堂房五开间，中间厅堂，两侧教室。

（2）县丞署

清乾隆三十四年（1769）设和平分县，置"县丞署"和"把总署"，隶属邵武府治，委派武官，驻兵防守。位于古镇东南隅，坐西朝东，两进厅、五开间，构架以抬梁式与穿斗式结合，用材硕大，有明代建筑遗风。署衙前大片空坪，为驻防官兵训练演武之所，称为"校场"。

（3）旧市三宫

和平古镇有天后宫、万寿宫、三仙宫，俗称"旧市三宫"。天后宫：建于清咸丰八年（1858），奉祀妈祖娘娘，兼作"福州会馆"，现仅存封火山墙。万寿宫：清中期江西商人建，有上下两殿，供奉许真君塑像，又为"江西会馆"。三仙宫：又名"灵仙观"，在东门内东北侧，现存为民国初建筑。

4. 保护建议

和平古镇是闽北邵武市属的山村小镇，城堡式古镇格局完整，地域特征鲜明；古镇群山围抱，和平溪、罗前溪两河环绕左右；古镇民风淳朴，加之自然环境、社会制度和宗教习俗的影响，形成了特有的地方风俗习惯。

古镇砖雕

赵氏宗祠

63

和平古镇的历史文化底蕴深厚，以建筑文化、宗教文化、耕读文化、饮食文化、民俗文化为核心，成为闽北地区丰富多彩的文化的缩影，具有极其难得的历史文化艺术价值。古镇有傩舞"跳幡僧"和"跳弥勒"，以中乾庙为中心举行傩祭，是由古人在岁末迎神以驱逐疫鬼、祛除邪气的仪式演变成的文艺活动。古镇还有农家自酿米酒的传统，多在冬至日酿造，俗称"水酒"，甘甜香醇。此外，古镇种植苎麻织造夏布的传统在宋代已十分兴盛，其织机俗称"腰机"，故其布又称"腰机布"。至今和平仍有农妇以"腰机"织造苎布。

对和平古镇应当实行最严格的整体保护，再现闽北地区社会文化的"活化石"。

图文：
袁　菲　同济大学建筑与城市规划学院博士生
参与调查人员：
李　舒、朱子龙、肖飞宇、谢　璇

三河水景

安徽肥西三河古镇

1. 概况

三河古镇位于安徽省合肥市肥西县南端，地处肥西（属合肥市）、舒城（属六安市）、庐江（属巢湖市）三县交界处，北距合肥40公里，距肥西县城24公里，南距庐江县城32公里，西距舒城县城30公里。地理位置独特，自古是兵家必争之地。

三河古镇区范围北起丰乐河，南接小街，东至下拐路，西达城河以西的绿化带。丰乐河和杭埠河环绕三河古镇四周并在此交汇，东流15公里入我国五大淡水湖之一的巢湖。三河古镇因丰乐河、杭埠河、小南河三条河穿流环绕而得名。三河是安徽独特的水乡古镇，可与江南水乡古镇媲美。自古以来，三河古镇水运发达，商贸繁荣。《合肥县志》记载"枝津回互，万艘可藏"；《舒城县志》记载"水陆通衢，万商云集"，素有"买不尽的三河"、"皖中商品走廊"、"小南京"之说。如今三河商贸繁荣依旧。

三河古镇以水乡古镇为特色，

66

图例

清代民国建筑

五十—八十年代建筑

八十年代后仿古建筑

八十年代以后建筑

三河古镇历史建筑分布图

形成了江淮地区独有的"八古"景观：古河、古桥、古圩、古街巷、古民居、古茶楼、古庙宇、古战场。

清同治禁烟禁赌碑　　　　古镇街巷

2. 古镇布局

三河古镇外环两岸，中峙三洲。临水建房，沿河延伸，呈狭长形，三水环绕，河湖通航，河圩相连。

三河古镇有 2500 年的历史，夏商时代，渔人结庐避于此。但现存的大部分古街、古宅为晚清时期所建。街巷体系呈鱼骨状；主街道呈"十"字形，沿街伸巷。水乡古镇三河的街巷巧妙地利用了自然。由于三水环绕三河，三河的商店及住宅只能建在河堤上，中间留一条路，铺上青石板就成了街。三河古镇就是由一条穿镇而过的弯月形小南河两岸的堤（鱼脊）上排列的 10 街 26 巷组建而成的。

古城墙

二龙街位于最东端，长约 250 米，宽只有 3 米，可以说是三河最古老的街道了，它经历了唐、宋、元、明、清、民国至今。

河北大街位于小南河的北岸，北至丰乐河，南至杭埠河，全长2900 米，宽约 3 至 5 米不等。它又分东、中、西街。其中以中街最繁华，大的商号均集中于此，古民宅也最为优良，民宅大户坐落此街最多。河北大街的东街、西街以及河南岸的南大街还保持明、清建筑风貌。

天井

68 **3. 建筑特色**

历史上三河处楚吴之间，因此它的建筑文化有南北交融的特点。大王庙、城隍庙、万年台、英王府等具有庄重宏伟、色彩鲜艳的北方建筑风格；而一般民居更多的则是小巧玲珑。三河古民居与其发达的水运有着密切的关系。平面布局以三合院、四合院为主，既有北方的合院形式，又有南方的天井院落。在规模较大的民居中，二层常设有环形走廊围绕天井，俗称"走马转心楼"，成为江淮地区古民居独有的空间形式。有些民居在走马转心楼的上空还设有庑殿顶，庭院与现代建筑中的中庭极为相似。三河的临街建筑以前店后宅、前店中坊后宅、下殿上宅、坊宅混合等四种形式为主。建筑均为砖木结构，挑檐、垛墙、镂窗，朴实又富于文化内涵，砖为小青砖，墙体均是清水墙，空心斗子，小青砖竖立，中间空心用泥土杂物填实而成。这种墙既省砖又保暖，可以看出它吸收南北墙体建筑之优势，又不同于南北（江南

一人巷

古民居

砖雕门罩

是白色粉墙，北方是大砖）。由于洪水多发，山墙多竖有立木柱，所谓"排山排柱"，墙倒屋不倒。建筑梁柱皆以园木为主，扁柱作坊，有满堂柱或隔柱落地两种形式。屋顶为坡屋顶，木柱、木梁、木檩、木椽筑架，盖以青小瓦。

太平天国三河大捷之大捷门

三河古建筑和名人故居如下：

（1）太平军城墙

1855年，太平军在三河建城。城墙现存两段，一段为北城墙，长约50米；一段为东城墙，长约30米，留存了古战场的遗迹。

杨振宁故居

刘同兴隆庄

（2）英王府

三河大战前后太平军指挥部所在地。英王府设太平军纪念馆，展示"三河大捷"这场大战的历史故事。

（3）杨振宁故居与一人巷

1937 年，17 岁的杨振宁来到三河，曾在这里生活、学习。三河最古老最悠长的深巷是一人巷，进出只能过一人，是杨振宁小时候经常走过的小巷。他从一人巷走向世界，成为著名的科学家。

郑善甫故居

其他还有刘同兴隆庄、郑善甫故居以及三县桥等古建筑和名人故居。

4. 保护建议

三河古镇源于水，灵于水，活于水，盛于水，水成为三河的灵魂。因此，三河古镇保护应以历史建筑与其历史环境——水体并重，保持"小桥流水人家"原貌。

图文：
李秉毅 同济大学国家历史文化名城研究中心副教授，博士
参与调查人员：
李文辉

新场古镇鸟瞰

上海南汇新场古镇

1. 概况

新场古镇是上海市南汇四大市镇之一，位于长江三角洲的冲积平原上，是由于多年泥沙堆积，海滩不断生长而成陆的。

唐代，新场初成陆，俗称"石笋滩"、"石笋里"。南宋建炎年间 (1127—1130) 两浙盐运司署迁盐场于此，相对当时建在他处的盐场而言是新的，故称新场。明清以来"市集繁盛，人文荟萃，科第两朝堪盛"。镇区歌楼酒肆，商贾辐辏，有"小小新场赛苏州"之谣。镇区南北长约 2.5 公里，两条东西向街各长 1 公里许，其繁荣程度曾超过当时的上海县城。

"十三牌楼九环龙，马鞍水桥石驳岸"是古镇繁盛景象的美好写照。镇上原有牌坊众多，明代即有贡元坊、旌节坊、熙春坊、世科坊、三世二品坊等 13 座牌坊，可惜大多被毁，仅残存世科坊的石柱。"环龙"是对石拱桥的形象称谓。历史记载古镇有元明清石拱桥 9 座，清代的千秋桥是唯一保存完好的石拱

74

马鞍水桥石驳岸

马头墙与观音兜

桥，现已被列为南汇区级文物保护单位。新场的水乡格局保存完整；众多古民居、水桥、驳岸极具历史价值，是上海浦东最后一块历史文化遗产地。

新场古镇的民俗节庆活动，多在自家宅院附近进行。值得一提的是接财神、庙会、水龙会。接财神时分别从北面城隍庙和南面的杨社庙进入大街，迎面而行，街上的各家商铺则纷纷出门迎接，以期商铺兴旺发财。传统的庙会在郭家庙举行，人流熙攘，热闹非凡。水龙会是20世纪30年代始在洪桥港上举行的消防演习和比赛。另外每逢清明、七月十五、重阳、十月初一，杨社庙的昭天侯和城隍庙的孚惠伯也都要从南北两端始进行全镇巡狩。

2. 古镇布局

如今的新场古镇仍然保持了以新场大街、洪东洪西街为"十"字骨架，传统建筑为肌理，河网水系为依托的清末民初传统江南水乡古镇风貌特色。镇区4条河道把老镇区划为"井"字形格局，河道两侧尚有三进以上的第宅厅堂30多处，古民居近百处，呈现出"江南人家尽枕河"的风貌。镇区外围阡陌纵横，水网密集，桃林与耕田、杉林和舟楫营造出优美祥和的自然环境。

镇内河道依街环绕，两岸自元代便建起石驳岸和诸多马鞍水桥（由条石砌筑成的马鞍形水埠，也称"双边水埠"）。水桥上有用于系舟的缆石，俗称"牛鼻子"，多雕刻有精美的装饰图案，如暗八仙纹样等，坚实古朴，富有江南水乡特色。今存传统砖石驳岸1500米，各式水桥70余座，其中马鞍水桥15座，充满水乡气息。以家庭为单位的传统手工作坊多分布于洪桥港沿岸，如船行、绳坊、竹木作等，充分体现了新场古镇盐运漕运的水乡特色。

枕河人家

洪西街街景

76

3. 建筑特色

　　新场虽小，却有佛教、道教、基督教三教兴盛，历代均在此兴建寺院，如南山禅寺、晏公祠、青龙庙、城隍庙、杨杜庙等。这些宗教建筑大多小巧清秀，掩映在田园民居中。老字号店铺多分布于新场大街两侧。有奚长生药号、张信昌绸布店、康泰丰米庄等。书场茶楼多分布在大街与河道交汇处，以三层楼歇山顶的"第一楼"书场为最，是为全镇的标志性建筑，保存至今，是古镇上老人喝茶听戏话家常的首选之地。此外还有酱园、典当行、混堂等。

　　现存传统民居多集中于新场大街、洪东街和洪西街两侧，以清末民国时期为最，间有明末及清中晚期的建筑。由于地处上海这样一个中西交融的背景环境下，建筑装饰中常呈现出西洋风格，如门窗两侧的柱式喜用发券、卷草纹样、铸铁工艺栏杆、彩色玻璃、进口马赛克等，天井地面也出现了水门汀刻花的形式。这些外来装饰艺术与中国传统的围合天井式木构瓦顶建筑

"第一楼"书场

建筑装饰之一

建筑装饰之二

相结合，呈现出浓郁的中西合璧海派艺术风格。 **77**

4. 保护建议

纵观新场古镇，其海滩生长成陆的历史格局，明清风貌的街巷空间，中西合璧的装饰风格，江南小镇的生活气息，原住居民的社会结构，充分体现了五大特征：海边盐民生息之地、商宦文人聚居之所、明清市井繁华之镇、宗教文化依存之乡、江南水乡民居之苑。

目前，同济大学受当地政府委托，对其编制保护规划，并开始逐步实施。

图文：
袁 菲 同济大学建筑与城市规划学院博士生
参与调查人员：
吕 梁、郭志伟、郭 琦、于世勇

沙家浜古镇风貌

江苏常熟沙家浜古镇

1. 概况

沙家浜古镇位于江苏省常熟市东南隅，地处阳澄湖与昆承湖之间，北距常熟城区18公里，东南距上海约78公里。沙家浜有着光荣的革命历史，是新四军开辟的敌后抗日游击根据地，凭借着沙家浜地区万亩芦苇荡作为天然屏障，依靠无数"阿庆嫂"、"沙奶奶"式的沙家浜人民群众，与日伪匪展开了不屈不挠的斗争。沙家浜人民与新四军鱼水情深的故事广为传颂，由此而诞生的沪剧《芦荡火种》和京剧《沙家浜》更成为戏剧文化的精品，久唱不衰。2003年沙家浜镇与紧邻的唐市镇合并，现在的沙家浜镇有水乡风貌完整的古镇区，使悠久的历史文化和革命传统与江南水乡背景融为一体。2006年12月，沙家浜成为江苏省级历史文化名镇。

沙家浜古镇区古名"尤泾"，又名"语溪"，相传为宋孝子周容之故里。明中叶，有唐姓将军率族人聚居成市，遂称"唐市"。后集市扩展，商贾云集，故有"金唐市"

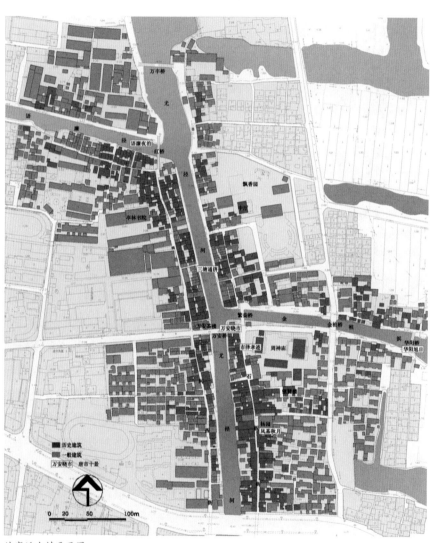

沙家浜古镇平面图

芦苇荡

私家园林飘香园

之称。明末，乡人杨彝筑凤基楼，集文人学士，结社吟诗，创"唐市学派"。明顾炎武为避兵乱，携母在唐市隐居10年，并建有亭林书院，今有遗址。自明代始，乡人将风景绝佳处题为"唐市十景"。今"万安晓市"存有万安桥，"语濂夜泊"有语濂泾，"市泽孝迹"有周公庙，"三塘通济"有市河三条，"华阳旭日"有华阳古桥，"凤基秋月"有杨园遗址。此外，还有近代园林飘香园及中厅、新四军江抗办事处、万丰桥、古镇石板街等7处省市级文物保护单位。

古镇除了有江南地区一般的民风民俗外，独特的民俗就是四月中旬的周神庙庙会。周容为宋时唐市人，传说"父病，容割股肉作羹以进，称为孝子。死后里人肖其像祀之"。常熟各地均有周神庙，唯周公故里的唐市周公庙最盛。庙会期间有周神庙看灯等各类活动。

河街空间形态

沿街典型民居

沿街店铺

老街空间错落有致

2. 古镇布局

古镇区空间格局独特，因水成镇，河街并行，河街交汇之处就是古镇的中心。原过境河道在东、南、西、北四个方向入镇前各有一座古桥，今存万丰桥、华阳桥2座，桥梁同时起到镇区空间限定的作用。镇区内市河尺度变小，与沿河2层建筑相配，而镇区古桥外侧的河道则是一片开阔，形成鲜明对比。今天过境的机动船只进入镇区都是熄火缓行，小心通过古桥桥洞。

古镇自明代建集市以来，商业鼎盛，历来为常熟四大镇之一。镇上4条老街行业齐全。河东街是商业中心，明代石板街有400多米长，两边店铺较多。河西街是住宅区，较清静。米行、竹行等则分布在市河南北两侧。唐市十景之"万安晓市"就是三市两河交汇之处，形成万安桥、繁荣桥双桥格局，是古镇最热闹的地方，有大型公共码头，茶楼等商业建筑汇集，可惜古桥不存。古镇现存历史格局与风貌基本完整，主要分布在市河两侧。

沿河民居之一

84

民居细部

3. 建筑特色

　　古镇的传统建筑具有典型的江南水乡地区的建筑特点，同时因地制宜，小巧玲珑。屋顶以硬山为主，屋脊按形式有雉毛、纹头、甘蔗、哺鸡等各种形式。封火山墙既有直线构图阶梯状叠落的"马头墙"，也有曲线构图的"观音兜"。花格窗类型丰富，令人惊奇的是还能见到民国时期的彩色玻璃窗与江南地区特有的蠡壳窗。门户的特点是木板门外都加矮挞门，安全实用。传统建筑的庭院组合虽然一般用

沿河店铺

沿河民居之二

地不大，但是空间层次变化丰富，庭院前街后河与周边环境关系结合巧妙。

4. 保护建议

由于两镇合并，对原唐市镇历史文化和沙家浜芦苇荡革命纪念地的价值有待进一步统一认识，需要整合资源，形成保护发展的整体战略。

古镇内风貌保存较好的传统民居近2万平方米，但是长期缺乏维护，年久失修，基础设施简陋。沿河更新的民居建筑有失控趋势，建筑高度大多超过2层，风貌与古镇整体环境不相协调。

2007年，古镇保护规划完成，但是在保护的体制和资金的投入上需要加强县市级的领导和支持。

图文：
林　林　同济大学建筑与城市规划学院博士生
参与调查人员：
鲁文峰、马冬峰、程　潜、刘　飞、唐闵城

沙溪古镇

江苏太仓沙溪古镇

1. 概况

沙溪古镇位于江苏省东南，长江口南岸，太仓市中部偏西。古镇地处长江三角洲冲积平原，风景独特，物产丰富，素有"东南十八镇，沙溪第一镇"的美称。

沙溪始建于元末，当时张士诚称王苏州，在沙溪东部的涂松修筑土城，并设义兵营防御海盗，后百姓苦于寇扰，纷纷西迁沙头（沙溪古称），从此沙头日渐繁盛。故有谚云"先有涂松市，后有沙溪镇"。明治年间，市镇日趋繁荣。

沙溪拥有大量的历史文化遗存，具有古宅密集、古桥雄浑、古河荡漾、古巷深幽、古树苍翠等特点。典型的物质载体包括沿河吊脚楼、庵桥桥门洞、道光三年（1823）的古墙门、保存基本完好的三段老街和沿街门面上的飞檐挑梁。同时沙溪还拥有非常丰富的非物质文化遗产，武术、舞蹈、传统小吃等都极具地方特色。沙溪古镇民风淳朴，至今还保留着民间灯会、端午竞舟、泡茶馆、逛庙会等传统习俗。

老街

88

古桥

橄榄岛

飞檐挑梁的沿街建筑

沙溪人才辈出，名人雅士众多，明清时就有一批文人出洋留学。史学家桑悦、古琴家徐上瀛、新舞蹈发起者吴晓邦、儿童文学家龚堡、天体物理家龚树模等都是土生土长的沙溪人。

2. 古镇布局

沙溪镇的发展过程具有一般江南水网地区城镇发展的特点。最初是沿河道的简单居民点，然后不断扩大，形成基本沿河网展开的带形居民点。随着商业、生产的发展，沿河带形居民点逐步成熟，形成"一河二街三桥一岛"的古镇布局。

一河：指已具有千年历史，横贯镇区的戚浦河。

二街：指老戚浦河南北两岸沿河道走向，长达1.5公里的古街。

三桥：指跨越老戚浦河，连接南北两岸古街的利济桥、义兴桥和庵桥。

一岛：橄榄岛。

水巷

3. 建筑特色

　　沙溪古镇历史建筑古朴灵秀，其中又以宅院建筑、沿街商铺和沿河吊脚楼最能体现沙溪地方特色。古镇多数的宅院建筑建造于民国时期，约20世纪20至30年代，既有中国传统的风貌与做法，又明显带着新技术、新材料的影响。也有部分百年以上历史的老宅，格局完整，雕花精美，反映了极盛一时的豪门大宅的风貌特点。沿街商业建筑颇有"宋风"韵味的飞檐挑梁，尽显古镇昔日商业的繁荣景象。沿河吊脚楼河棚相连延绵几百米，彰显"人家尽枕河"的水乡风姿。

传统宅院建筑

古镇一隅

雕花厅内精美的木雕

90 ### 4. 保护建议

　　沙溪古镇以其独特的河棚建筑风貌和"一河二街三桥一岛"完整的古镇布局被评为国家级的历史文化名镇，是典型的带形水乡城镇。古镇历史风貌完整，具有一定的规模，构成历史风貌的文化遗产和环境要素具有较高的历史真实性和典型性。古镇拥有省级文保单位 1 处（龚氏雕花厅）和市级文保单位 3 处（利济桥、庵桥、义兴桥 3 座古桥）以及程穆衡、胡粹士等名人故居和

雕花门

吴晓邦故居

河棚建筑

挑梁构建

元昌和、胡聚丰、万和祥等重要的
历史建筑。建议继续完善对这些文
保单位和历史建筑的保护，使古镇
保持活力。

图文：
陈　飞　上海同济城市规划设计研究院注册规划师
参与调查人员：
张美靓、许昌河、颛孙瑜

92

从环镇道上观和顺古镇

云南腾冲和顺古镇

1. 概况

和顺古镇位于云南省腾冲县县城西南4公里处，是云南省著名的侨乡。古镇景观宜人，生态环境优美，四周被大小火山锥包围，古镇民居环山而建，渐次递升。

和顺古镇历史悠久，境内名胜古迹众多，镇内有八大祠堂、9座寺观、中国首屈一指的乡村图书馆及一大批清代以及民国时期的民居建筑。和顺的景观环境空间构成体现了人与自然和谐相处的"田园耕读"的居住模式，2005年获得"中国魅力名镇"荣誉。

2. 街巷格局

和顺古镇位于一个马褂形小盆地中，依南部的黑龙山而建，因此坐南朝北。乡前坝子呈星月形，与自东北而来的大盈江相融合，形成一种城水相依的格局。

古镇的街巷体系由沿古镇边缘的半环行道加上南面山腰向北面山脚延伸的放射网状道路系统组成。一条环镇道沿古镇边缘与和顺河临

94

和顺古镇历史街巷分布图

寸氏民居

水并行，同时将整个古镇环绕，成为古镇内的主要交通线路。环镇道与镇中另一条横穿村巷的街道组成东西向主干道，宽4至5米，全为火山石铺砌。两条东西向主干道之间，则以李家巷、大石巷、寸家巷、尹家巷等4条纵向大巷沟通，成曲梯形网状干道。各纵向巷口皆设闾门，形式殊异，各具特色。

3. 建筑特色

和顺古镇民居以清末民初建筑为主，多为白族工匠营造，"三房一照壁"、"四合五天井"等为其主要的建筑形制。民居大多以院廊围绕主体建筑的手法，以正房、厢房、照壁、门等组成封闭空间，并通过不同的空间变化来突出主体建筑。

（1）寸氏民居

"寸氏民居"是标准的"三房一照壁"的形制，建筑主体由几列楸木制成的柱子支撑，由于楸木质地坚固而且防腐蚀，至今建筑仍然坚固如初。

正房正中一间为中堂，用于供奉天地祖宗的牌位或接待客人。中堂两侧是卧室，与中堂相连。内院两侧是左右厢房。正房对面是照壁，形制是"三叠水式"。

"寸氏民居"以其精美的木雕而闻名。门窗、门枋、插枋、吊柱、垂花等位置均刻有透雕或者浮雕，雕刻花纹十分丰富。中堂的门窗是方格纹眼演变而来的漏雕，中有刻字，十分精致。两侧厢房的门窗花饰也十分精美，上有花卉的漏雕并且所刻花卉形态各异。四扇门的裙板上刻有梅、兰、竹、菊的浮雕，雕刻精细，栩栩如生。窗户的装饰多为连续图案或条形窗棂，其格式有"丁字花"、"双钱"、"梅花"、"冰凌"等。二层的窗户来自缅甸，由铸铁制成，花饰精美。

建筑细部

（2）公共建筑

和顺图书馆：由旅缅华侨为振兴家乡文化事业于1928年集资创办，有"中国乡村第一图书馆"之称。和顺图书馆布局利用地形高下划分4个空间层次的竖向布局，串联3组不同结构、不同形式的建筑。图书馆下取和顺河水，以双虹桥之园林意境为主体，东与文昌宫并列，西以景山园衬映建筑。

弯楼子博物馆：由原侨商李德爵的老宅弯楼子民居改建而成，由3个互通的"三房一照壁"组合，构成3个层次流动的互通空间。前院为厨房，有美国的面包炉，德国的洗衣盆、压面机等。后院为陈列室。两边是西式晒台，钢窗为英国进口，与传统木门窗构成中西合璧建筑。

宗祠建筑：是和顺的主要公共建筑类型。作为一个方圆不满5公里，居民不过千户的古镇，和顺的"八大宗祠"（即寸氏宗祠、尹氏宗祠、刘氏宗祠、张氏宗祠、贾氏宗祠、李氏宗祠、杨氏宗祠及钏氏宗祠）规模相当，形制完整，构筑了和顺以家族为重的人文景观。

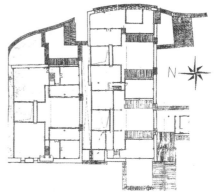

弯楼子博物馆

寸氏宗祠

月台

（3）双虹桥

　　双虹桥坐落在和顺镇口，是和顺的标志性景观。桥头各设石坊1座，为分隔空间层次的点缀，桥后分设有拱形门洞的照壁为入镇之口，双虹之间隔堤设一个半圆荷池，池中设亭，其六角攒尖顶玲珑古朴。

（4）其他古迹

　　月台：和顺每条主要巷道出口沿和顺河多设月台，作为居民日常活动或聚会的交流场所。月台形状多为半月形，全为火山石石板铺砌。

台中植常绿乔木，既为点缀风景，又为村民休闲活动遮荫。

洗衣亭：和顺于环镇道口下沿和顺河分设 6 个洗衣亭，以石平桥达亭中。亭多为单檐歇山顶，亭内以石条分隔水面空间，便于多人同时洗涤，也可作为居民日常休息及儿童戏耍的开放空间。

洗衣亭

4. 保护建议

和顺古镇具有独特的历史遗存和宜人的生态环境，特别是非物质文化遗产如地方图书馆、博物馆等都具有重要的保护价值，应尽快制订科学的保护规划并认真实施。在整治中应特别注意要"整旧如故，以存其真"的原则，避免整饰一新而失去原真的神韵，企望和顺古镇成为璀璨的山区明珠。

图文：
张艳华 同济大学建筑与城市规划学院博士生
倪　颖 同济大学建筑与城市规划学院博士生
参与调查人员：
吕　梁、李　涛

成昆铁路

玉碧山

一街街区

宝莲庵 诸天寺

庆安堤
刘家大院
文庙 节孝总坊 包家大院

五马桥

武家大院
四街街区 龙川江

三街街区
一颗印民居
二街街区 武家大院

黑井古镇鸟瞰

云南楚雄黑井古镇

1. 概况

黑井古镇位于云南省中部的崇山峻岭之中，行政隶属于楚雄彝族自治州禄丰县。镇区东侧有成昆铁路经过，但公路交通条件较为恶劣。这里居住着汉、彝、回、苗、满、白6个民族。黑井历史悠久，距今3000多年前就有彝族先民在此居住。自汉代起开始了官盐生产，明清时代达到了空前繁盛，交易频繁，赋税占云南全省的一半左右。史载汉代曾在今姚安与安宁两地设过"盐官"到黑井办盐。唐代时黑井属姚州都督府，有"盐泉"之称。南诏时代，黑井的彝族先民开掘出黑井的第一口盐井。汉唐以来，黑盐成为历朝政体控制的重要物资，盐被朝廷专卖。黑井是云南几大盐产地之一，元代属威楚路定远县管辖，明清两代属楚雄府定远县，均称之为"黑盐井"。明代朱元璋选派精锐开发边地，专设专司盐务"提举司"行政机关。自此官人、商人、灶户、马帮云集，深山僻壤的黑井小镇呈现了空前的富庶繁盛，是滇中最热

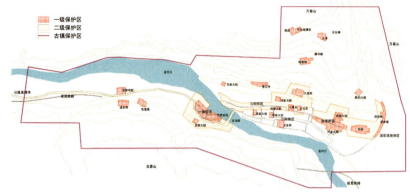

一级保护区
二级保护区
古镇保护区

黑井古镇历史文化遗产分布图

闹的陆上码头和商品集散地。

　　黑井得名于盐,兴盛于盐,却又衰落于盐,废弃于盐。20世纪中叶,随着熬盐以煤代柴,省却耗资巨大的燃料支出,成本一降再降,盐价大幅下挫,落后的生产方式导致黑井盐业最终走向消亡。另外由于生产关系和社会的变革,"黑盐时代"就此彻底没落,古镇也随之衰落。

　　黑井镇海拔1600至2500米,地理环境险峻,金沙江的支流龙川江自南向北穿镇而过。这里曾经山清水秀,风景旖旎。但在元、明、清600余年中,黑井需供应云南全省用盐,而土法熬制"黑井盐"靠烧木柴炼制,植被逐渐被破坏,加剧了水土流失,造成了频繁的洪水

与泥石流灾害,冲击村镇,毁屋伤人。如今两岸山体裸露,江水浑浊,北侧山中有龙沟河注入龙川江,实际也成为泥石流的泄洪沟。

　　因盐而兴的黑井,在创造了巨额财富,留下宝贵文化遗产的同时,也给环境带来巨大破坏,甚至威胁到古镇生存。故黑井镇对泥石流的防御从元代即已开始,清光绪年间(1875—1908)建龙沟河南岸上段石堤——庆安堤,民国时建南岸下段及北岸石堤,1999年在龙沟河建泥石流排导槽。目前黑井镇政府充分意识到环境保护的重要性,采取了封山育林、以煤代柴等措施,并正在进行沼气的开发。

　　1995年黑井镇被公布为云南省历史文化名镇。

典型民居内院

包家大院入口门楼

103

节孝总坊及四街区

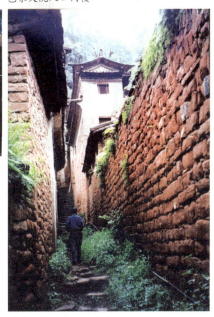

武家大院及西入口巷道

2. 古镇布局

独特的地理环境决定了黑井古镇沿江两岸延伸的空间布局。依山枕河的两片镇区以桥相连，街区内街巷连绵起伏，以石阶联系起各处高低错落的建筑群，通向各户人家或公共建筑。古镇街巷处处洋溢着山中小镇的独特韵味。山体高处还点缀有一些寺庙、祠堂，殿宇黄墙掩映在绿树丛中，使古镇风貌在统一中又有着韵律的变化。

黑井的街巷历史上称为"坊"，明代时有13坊，现有4坊仍存。

一街北段为保留较好的古街坊——德政坊，北端竖立着清光绪年间（1875—1908）奉旨督建的节孝总坊。四街为商业街，其北段亦有一段古街坊，还分布有武家大院、刘家大院等大型的民居。这些古街巷宽2至3米左右，为红砂岩石板铺筑，两侧界面较为完整与连贯。

细部装饰雕刻

诸天寺

3. 建筑特色

　　黑井的传统民居沿街巷分布，不拘泥于地势，就地取材，形式丰富而具有浓郁地方色彩。其中较有特色的民居均为清代民国时期大户盐商建造，建筑形式采用"三房一照壁"，或是"四合五天井"，体现出云南民居的普遍特征，又在细节上变化丰富。现保留较好的此类民居共有9处，如"三房一照壁"的包家大院、"四合五天井"走马串角楼的武家大院。

　　黑井人一直沿袭着"背石筑房"的方式，当地传统民居均采用当地自产的红砂岩建造墙体。一般的前店后宅建筑均为2层，沿街巷界面二层多为4扇可开合的实窗板或雕花木板；上下层之间用木板拼封；底层一边为木板门，一侧为低且宽大的窗台铺面。至今许多铺面仍在使用中，令人遥想当年店铺鳞次栉比、行人摩肩接踵的繁华景象。

　　两侧山上的飞来寺与文笔塔等3座古塔，是城镇景观点睛之笔；五马桥建于元代，至今仍在使用，是连接黑井镇区北侧江西与南侧江东的交通枢纽。散落在山麓较高处的11座寺庙黄墙殿宇，衬托着河谷奔腾的江流，为古镇笼罩了一层浓厚的宗教气息。其中观音寺、大寺、飞来寺、宝莲庵、三元宫、诸天寺、香山寺等均保持明清时期的格局风貌。文庙、藏书阁等古迹体现出儒家文化在云南的传播发展；节孝总坊记录了100多位女性的德操事迹，反映出当时的社会生活与道德观念；而大量的盐井、灶房、大堤，及联系古镇与外界的南方丝绸之路驿道则讲述着那段因盐而兴的历史。

具有地方特色的文庙大成门

4. 保护与建议

在龙川江两侧狭长连绵的峡谷之中，古镇依江水走势在两山夹峙下形成两处带状街区，由跨越江水的五马桥连接。目前保留完整的历史街区主要分布在江西侧一街街区与江东侧的三街与四街街区。古镇现存民居建筑主要以清代及民国时期为主，并有一部分明代建筑，少量元代建筑及历代遗迹。镇区及周边分布有大量的寺庙、祠堂、牌坊等公共建筑，类型丰富，保存完好。

黑井已列为省级历史文化名镇，古镇区内主要历史建筑受到保护，一些寺庙也有修缮，但大量的传统民居尚需筹集资金进行修缮，也需制订周详的保护规划以指导保护与合理发展。

图文：
张　兰　上海同济城市规划设计研究院工程师，硕士
参与调查人员：
张　颖、周　为

106

喜州古镇鸟瞰

云南大理喜洲古镇

1. 概况

喜洲古镇位于云南省大理市北部。汉元封二年（前109）汉武帝平滇，喜洲一带置榆县。东汉时期改称叶榆县。后至南宋宝佑二年（1254）元灭大理国，领属喜洲，元至元二十六年（1289），置太和县，辖喜洲。明清沿元制。民国三年（1914），太和县改名大理县。新中国成立后至1985年，喜洲区改为喜洲镇人民政府，1987年经省政府批准设为建制镇至今。

108

喜洲古镇历史文化保护区

保护建筑

历史建筑

传统民居

街道巷界

核心保护区边界

喜洲古镇历史文化保护区平面图

古镇小巷

正义门

临街作坊商号

2. 古镇布局

古镇呈团形，以四方街为中心，有 7 条主街向四方辐射，皆青石铺地，大小巷道顺次向外延伸。四方街，用地平坦方正，四周为店铺，中心建有"题名坊"，由广场向四方延伸出市上街、市坪街、市户街、大界巷、富春里等几条主要街道，构成整个镇区的骨架。格局分区较为自由，无规整的布局形态。然而从公共空间到街巷到院落的空间联系却井然有序，于自由中见秩序。又因西依点苍山，东临洱海，故建筑多取背山面水、坐西朝东之势。

临街作坊商号多为 2 层木结构建筑，采用典型的下店上宅、前店后宅的形式。整个古镇区的传统街巷空间保存极为完整，主街顺畅，

巷道曲折，多"丁"字相交。主街宽约 5 至 8 米，是沟通整个古镇区的基本骨架；巷道宽约 2 至 4 米，以主街为脉，呈鱼骨状于两侧交错分布，通达各家各户的民居院落，巷头巷尾中有水沟流通。四面为田畴，与邻近各村有路相通。

喜洲镇门原有 4 道，东、南、西、北各 1 道，现存东、西 2 道。正义门（西门）与"十皇殿"紧紧相连，重檐歇山顶阁式建筑，底层为"寨子门"，立有"明儒杨宏山故里"的大理石碑；上层是魁阁，塑有持笔的魁神像。正义门始建年代无从考据，但清末明初曾翻修过。

典型的"一颗印"民居

3. 建筑特色

　　喜洲古镇是目前保存至今最大的白族聚居村落。典型的"一颗印"院落在顺畅的街巷旁安详而有序地分布着，构成了喜洲古镇宁静古朴的风貌特征。

　　喜洲白族民居是大理白族民居建筑的典型，以"三房一照壁"、"四合五天井"的封闭式院落为基本格局，有的独成一院，有的一进数院，院落平面成方形。建筑多为2层，3开间，都有规范固定的面积和尺寸。各房各院的走廊相互贯通，形成走马转角楼。建筑造型为青瓦人字大

屋顶，重檐，土木砖石结构，屋架用榫卯。主房东向或南向，3间或5间。外墙面上白（石灰）下灰（细泥），局部绘以水墨山水画。

　　千百年来，喜洲白族人民吸收外来艺术精髓，结合本民族的社会习俗，在建筑装饰上创造了形象逼真、富丽精工、极有民族地方特色的艺术杰作。例如，大门是白族民居装饰中的重中之重。其形式可分为三滴水屋面、一滴水屋面及无屋面大门3种。其中以三滴水屋面形式最为瑰丽精美，中部檐角翘起，檐下斗拱重叠，直至花枋花罩，两

重檐转角楼

典型的"三房一照壁"

边为彩画、泥塑花饰，并镶大理石。主要色调中部为红、黄等暖色，两侧为蓝、绿等冷色，显得富丽堂皇。另外，照壁、墙面、格子门、门窗、梁柱、梁头等也是白族民居装饰的重点。表现在木雕精细，有浮雕、镂雕等多种手法，并上五彩油漆；泥塑、灰雕、石雕也很常见。

古镇内主要古迹如下：

（1）妙元祠（十皇殿）

建于清代，原为一进两院殿阁式大型建筑群，现主要殿阁尚存，唯古戏台建筑已坍，台基犹在。

（2）紫云山古刹

建于清代，一进两院，由前殿（关圣帝）、中殿、魁阁、左右两厢组成。

厅堂木雕与彩绘装饰

大理石装饰的影壁

精细的木雕

民居内的连廊

整座建筑群殿宇雄伟，雕梁画栋，其中尤以"斗母阁"高大雄俊。

另有九坛神庙、回族清真寺、祠堂等。

4. 保护建议

喜洲古镇街区内古民居建筑群分布集中，规模较大；街巷的空间尺度和建筑界面保存完整；特色要素丰富，镇门、牌坊、庙宇、祠堂、古井、古树等综合体现了古镇深厚的底蕴；白族民居古朴素雅，院落布局灵活，厦子、门楼、照壁、山墙等建筑细部处理手法上注重功能

檐下装饰

合院式民居俯瞰

与艺术相结合,具有鲜明的地域特色与民族风格。应尽快根据保护规划修缮各类保护建筑和历史环境要素,尤其是对于现存的"三房一照壁"、"四合五天井"等特色鲜明的重点古民居照原样修复,并严格整饬混杂在核心保护范围内的少量钢筋混凝土新建筑。

兴起于清代中叶的喜洲商帮由4大家、8中家、12小家,共24户商号构成,名声享誉滇西南,众多的返乡侨商为喜洲古镇繁盛的市肆街巷和中西合璧的建筑装饰艺术作出了不可磨灭的贡献。对喜州古镇的保护与可持续利用应紧密围绕商帮文化、侨乡文化和白族风情习俗,并积极与周边风光资源联动,将喜州古镇建设成为白族民俗艺术的活舞台,苍山洱海间的瑰丽明珠。

严家大院入口

图文:
袁 菲 同济大学建筑与城市规划学院博士生
参与调查人员:
苗 阳、刘 芳、李文墨

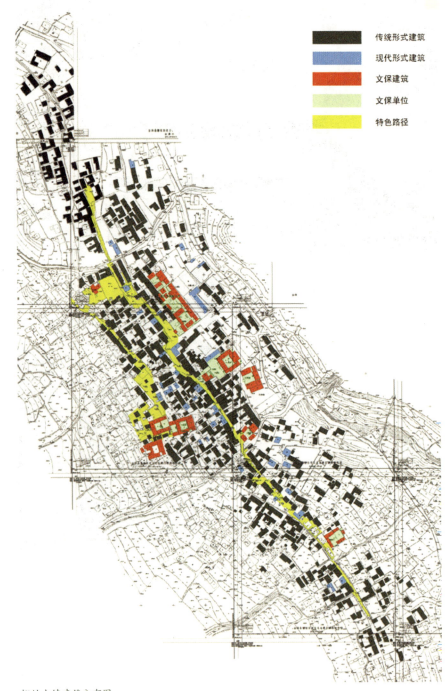

传统形式建筑

现代形式建筑

文保建筑

文保单位

特色路径

娜姑古镇建筑分布图

云南会泽娜姑古镇

1. 概况

娜姑古镇是云南省首批省级历史文化名镇。"娜姑"之名，原为彝语"纳姑"，"纳"为黑，"姑"即原野或土地，意为"黑色的土地"。它位于云南省曲靖市会泽县西部，金沙江东岸，以礼河西岸，距县城32公里，系滇、川两省交界的乌蒙山区腹地。

娜姑古镇地处滇川古道要冲，早在汉晋时期，就是中原文化、蜀文化乃至楚文化与滇文化相互交流影响的重要通道。这里有更新世时期的先东方剑齿象等古生物化石和新石器时期的石器，还出现了春秋战国时代的青铜器和大量汉币。西汉武帝建元六年（前135），于会泽置堂琅县，娜姑即是堂琅县的辖地。

这里居住着彝、壮、苗、纳西等10个民族，有着丰富多彩的文化资源。它既是滇文化与中原文化相互影响和交流传播的通道之一，又体现了地方民族特色和中原文化特色的融合，旅游资源十分丰富。

白雾街陈氏民居

财神庙

云峰寺

2. 古镇布局

整个镇区依山坡走势而建，结合地形自由布局，道路随地形曲直而布置，房屋就地势的高低而组合，建筑、环境、道路有机结合，融为一体，同时利用对景手法，整个古镇形成丰富和谐的街景空间。

娜姑古镇中最具传统特色的街区是白雾街，绝大部分历史建筑均集中于此，现仍然保持着滇东北山区古老集镇的淳朴风貌和独特情趣。

驿道在历史上发挥了联系滇川

寿福寺（禹王宫）正殿

寿福寺（禹王宫）太平天国西征军驻军遗址

两省部分地区的经济、文化的纽带作用。现尚保存的地面文物，证实了明清时期，由于东川府（会泽是东川府所在地）铜矿的开发，给娜姑带来了经济繁荣和文化昌盛。在这个小镇上，有明清时期的重要历史建筑21处，保存下来的有寿福寺、云峰寺、三元宫、财神庙、三官庙、万寿宫、太阳宫、关帝庙、张飞庙、龙王庙、白雾街古戏台、天主教堂及典型民居等，其中多数寺庙同时又是会馆。

娜姑现存碑刻数十块，都是清代遗物，内容比较丰富，并且都集中在古驿道上的坝区，具有一定的史料价值。

历史环境要素方面除了古道遗址外，尚有白雾街的福来桥、得胜

石凳

桥和介于白雾街与石咀街之间的长聚桥等，均为单孔石质拱桥，对娜姑的交通运输曾起过重要的作用。

遗址中除寺庙遗址外，还发现了较有研究价值的白雾街古城堡遗址、太平天国义军驻云峰教场坝军营遗址等。

3. 建筑特色

娜姑镇内街道高低起伏，蜿蜒曲折，道路两侧，房屋鳞次栉比。

街区居住建筑多为青瓦木屋或砖石宅院，极具传统风味的屋檐、小青瓦，雕刻有致的门、窗，无不体现出当地传统民居的古朴典雅。同时，娜姑古镇的民居至今依然保留着浓郁的南方古民居风韵，与当地的古建筑浑然一体。部分民居底层装有格扇门，并置木质货栏柜，这一建筑结构形式较为独特。

古树

4. 保护建议

娜姑古镇的价值主要在于古镇格局的整体性及其同自然环境的关系，因此，保护范围必须包含古镇周边的田园风光和山体的自然轮廓。娜姑镇白雾街历史街区完全有可能实现建筑、历史城镇和自然环境三级保护体系，进一步完整地保护历史城镇的价值。

娜姑古镇目前还缺少完整而系统的保护规划，历史遗产也缺乏科学的测绘和有效的保护指导。因此，有必要尽快成立保护指导机构，系统解决历史街区保护问题。

保护娜姑镇白雾街历史街区的资金需求较大，完全靠地区旅游业的发展和镇政府是远远不够的，上级政府和社会组织的支持，多渠道、多方式的投入，有效的资金管理，是当地政府必须研究的问题。

图文：
应　臻　同济大学建筑与城市规划学院博士生
陈　飞　同济大学建筑与城市规划学院博士生
参与调查人员：
葛　岩、高　峰

畲滩古镇周边的自然环境

浙江台州皤滩古镇

1. 概况

皤滩古镇，位于浙江省仙居中部的河谷平原上，是台州灵江流域与浙西丘陵山地的水陆交会点。南面靠山，紧连淡竹乡，有山道直通温州；东傍韦羌溪，与白塔镇为邻；西淌朱姆溪、万竹溪，与横溪镇接界，有苍岭古道通金华，直趋江西、湖南、安徽；北依永安溪，与埠头镇隔溪相望。

永安溪下通灵江，经由椒江出海，在古代是一条重要的航道。皤滩乃独一无二的五溪汇合点，即朱姆溪、万竹溪、九都坑溪及黄榆坑溪同点汇入永安溪，故皤滩有夜观五月（指五个月亮倒影）之景。皤滩又是水陆交会之地，沿灵江、永安溪的水路在皤滩拢岸，通往浙西的苍岭古道也在皤滩起步，这种连接东南沿海与浙西内陆的优越地理位置，使得它成为古代浙东南山乡的一个著名商埠和古代食盐之路的一个重要中转码头。宋代以后，其集市也逐渐应运而生。活跃的盐商和盐埠的存在，使得八方商贾汇聚

古埠支弄

龙形古街商铺林立

皤滩，一时间，车水马龙，兴旺繁荣。鼎盛的清朝中期，皤滩古镇颇具规模，主街道呈“龙”形，鹅卵石铺嵌，弯曲有致，长达 2 公里，街面石板柜台比比皆是；除“水埠头”外，镇内还分布着“埠头”五处：武义埠、东阳埠、缙云埠、永康埠和公埠。

放眼皤滩古镇，它以“龙”形古街为核心，以龙头陈氏祠堂、龙尾下佛堂、龙舌火墙脚、龙鳞古街砾石铺地为骨架，以古镇传统商业建筑（老字号、百年老店、酒肆、茶馆、小杂货店等）为载体，以展现传统商业活动、文化活动、传统民间工艺制作、传统曲艺活动为内容，全方位展现传统商业集镇的风貌特色。

2. 街巷格局

皤滩的古街蜿蜒曲折，形态多变。大街小巷的路面由蛮石砌筑。主街面对称地排列出两行轨迹，拼合成龙鳞般的图案，其色泽青灰，古朴凝重，与街道两侧灰褐色的石板柜台交相辉映。几条较大的支弄，如龙张牙舞爪。全街的整体形态，活似神话传说中的龙：西龙头，对着五溪汇合点；东龙尾，绕过下街

老街中的同庆和药材店

民居马头墙

民居中的木雕梁架

桐江书院

长生潭；中段弯曲成龙身，后路街与水埠头恰是龙爪，惟妙惟肖。

3. 建筑特色

古镇区集中大量明清古建筑群，丰富多样，有商家老店、民居古宅、书院义塾、祠堂庙宇。自民国初期起，由于交通条件的变异及天灾人祸，蟠滩古街逐渐萧条，特别是浙赣铁路通车，使蟠滩盐路失去了原有的功能，使得蟠滩的商业区位优势逐渐消失，市面也风光不再，但主体建筑与结构基本保持完好。

124

（1）商家老店

古街两侧的店铺多为前店后坊式或前店后埠式。门面多为双开门，宽窄不一，形成多样的特色。临街店面石板柜台采用开敞式木排门，柜台上摆满了琳琅满目的商品。可以说，每个柜台都代表着一个店家，都有一个当地的老字号。其字号招牌有两种形式，一是牌匾，一是旗招。这些牌匾至今还保存着，有的看上去完好如初。如"同庆和"，是一家老字号药店；"蓬岛源流"与"同源利生药材"，两牌一店，是古街上最大的药店；"官盐绍酒"、"苏松布庄"、"两广杂货"、"南货布庄"，主要是经营盐、酒、布匹、杂货等；而"炼石补天"是经营滋补品。

（2）民居古宅

蟠滩的民居为典型的四合院住宅，是老百姓生生不息的地方。其一般布局为四面合围，走廊迂回，四侧有厢，前后与外连通，其飞檐、瓦当、斗拱等都有不同的雕饰。门堂天井成方形，且都以鹅卵石拼嵌成各种图案。这些门堂以三进为多，大的可达七进以上。等级高者，还有小园林。有名者如贻厚堂、何氏里、元利店、周氏里、下园、陈氏里、王氏里、清风楼、枫树桥三透九门堂、道渊庄古宅等。

（3）书院义塾

在传统的农耕社会中，"耕读传家"与"入仕为官"成为人们生活重要的文化价值取向，蟠滩人也无一例外地格外重视教育。

桐江书院：在蟠滩山下村与板桥三村交界地带，宋代创建，相传为朱熹讲学之所。

何氏私塾：在何氏里厅堂左侧的古井边上，也是通后花园、闺房和藏书楼的中间地带。其藏书楼保存完好。

丽正义塾：是一种免费私塾，其经费来源为地租和捐款。

（4）祠堂庙宇

蟠滩上街有两处重要的殿宇。一处是胡公殿，祀宋侍郎永康胡则，也称"上佛堂"。一处是陈氏的家祠，是陈氏族人聚议及祭祖的地方。

下街有下佛堂，仅存大殿，内曾有戏台。

古戏台

4. 保护建议

　　蟠滩是个历史悠久的古商埠，它那绚丽多彩的文化娱乐活动和很有特色的民风民俗，无不浸透着古文明的印痕和商业文化的气息。针刺无骨花灯是蟠滩的一绝。灯身无骨架，全用绣花针刺成各种花纹图案的纸片粘贴而成，玲珑剔透，轻巧能飞，誉为神灯。此外，看大戏、板凳龙、鲤鱼跳龙门等，是老百姓喜爱的民俗活动。蟠滩的民间曲艺品种也较多，比较有名的有闹花灯、莲花、道青、洒尺、花鼓等。其古民乐也较有特色，当地称"蟠滩调"。

　　蟠滩留存了悠久历史的城镇记忆，众多类型的古建筑和古朴的老街给人留下深刻的印象，由于地处偏僻，尚未有旅游者问津，相信经合理开发、宣传，将会跻身名镇行列。因此特别要注意保护古镇原生的历史风貌，并要加强消防安全措施，免遭意外。国家历史文化名城研究中心已协助其做了保护规划，望能按规划逐步实施。关键是领导机构加强监管，并有必要的资金投入，相信会有良好的前景。

125

图文：
李　浈　同济大学建筑与城市规划学院教授，博士
雷冬霞　上海古元建筑设计有限公司工程师，硕士
参与调查人员：
陈　栋、郁　川、丁　枫、乔迅翔

鸣鹤古镇鸟瞰

浙江慈溪鸣鹤古镇

1. 概况

127

　　鸣鹤古镇坐落于杭州湾畔的三北平原之上，它融山、水于一体，历来以山奇水秀，古迹众多著称，素有"鹤皋风景赛姑苏"的美誉。鸣鹤古镇始建于唐开元年间（713—741），迄今已有1200多年的历史，为慈溪市最古老的集镇，历史上商贸十分发达，宋朝以来一直设鸣鹤乡。鸣鹤古镇现为浙江省级历史文化名镇，2001年10月，与观城、师桥二镇合并成为慈溪市观海卫镇。

　　古镇依山傍水，自然环境极佳，不仅有绵延起伏的苍翠群山，风光优美的秀山幽谷，更有碧波荡漾的悠悠湖水。杜湖、白洋湖二湖各具特色，引人入胜。杜湖宽阔而清澈，烟波浩渺，一碧万顷；而群山依偎中的白洋湖则娇小玲珑，水光涟滟，气象万千。

　　鸣鹤古镇还具有丰富的人文景观资源，古镇的民居、街巷、河桥及整体风貌保存基本完好。观海卫镇域内的五磊山风景区是浙江省级风景名胜旅游区，两座名刹五磊讲

街河小桥

古镇小巷

128 寺和金仙寺至今已分别有 1700 和 1400 多年的历史，其中金仙寺重建于 20 世纪 80 年代，它毗邻古镇区，依山就势，背山面水，轻灵飘逸的古建筑与碧波荡漾的白洋湖相映成趣，别有一番韵味。

千年古镇与湖光山色的交相辉映是鸣鹤古镇最大的景观特色与优势所在，这使它具有了发展成为一个融古镇文化与自然生态于一体的风景名胜区的重要潜质。

2. 古镇布局

鸣鹤古镇至今已有 1000 多年的发展历史，它以淳朴平和而又深沉内敛的独特气质体现出中国传统村落居住文化中因地制宜、顺应自然的哲学理念。

它坐落于青山绿水之间，因水成街，因河成镇，许多人家枕河而居，小桥成为古镇中空间转换的重要节点。鸣鹤 500 多米长的老街，就有古桥 7 座，以拱形桥远近闻名。现存清代建造的陡塘、运河、沙滩 3 座单孔拱形桥，造工精细，观赏价值高，其中以桥长 8 米的沙滩桥工艺为最佳。

鸣鹤古镇这种具有鲜明江南水乡特色的布局方式集中体现在河流与主要街巷的相互关系上。古镇区的主要街巷皆与河流走向保持平行，次要的巷弄则多与河流相垂直，而河街之间的相邻关系又可分为单侧有街、双侧有街和夹水而居三种类型。这几种河街形式在古镇区因位置与功能的不同而加以因地制宜的组合变化，从而形成了鸣鹤古镇布局灵活、空间多变的景观特点。

古宅侧影

庭院回廊

3. 建筑特色

浙江地区属亚热带季风性气候，四季分明，雨量丰沛，与这种湿热的气候环境相适应，鸣鹤古镇的民居建筑大多为改进的四合院形式，由高墙围成两进、三进或多进院落，结构合理而又空间多变，具有较强的秩序感与层次性。

鸣鹤古镇的四合院多由2层楼房围合而成，正房、厢房沿中轴纵向布局，左右对称，形制严谨规整，布局灵活适当。院落较小，以利遮阳与集排雨水，四周有回廊，楼梯

130

马头墙

庭院小景

常设于此，成为交通联系的主要通道。有些民居院落的天井横向十分狭长，厢房几乎取消，长长的两层正房纵向密集排列，颇有现代间距极小的行列式住宅的味道。

古镇民居多为粉墙黛瓦的坡顶建筑，屋面角度 30 度左右，坡顶端头多为用于防火的马头墙。这些斑驳的马头墙或五山，或七山，或平或折，鳞次栉比，形式各异。当人们行走在曲折的巷弄中古老的石板路上时，更觉其转折回复，变化万千，令人赞叹不已。

鸣鹤古镇保存有大量的清代古屋、马头墙，仅盐仓村就有马头墙 13 处，组成了一道特色鲜明的古建筑群。保存十分完好的有盐仓"二十四间"走马楼——为封闭式的五马山墙，七间二弄加厢房共 24 间，约 1000 多平方米的两层楼房，上下左右皆有楼道可通，是我国南方四合院民居中很有个性、特色的建筑。其他还有"银号"、三五房、新五房、岑家门头等，都是清代的建筑，具有较高的保护价值与观赏价值。

山墙墀头砖雕

鸣鹤古民居以清代的为主，总体艺术风貌显得清新质朴，但在一些重点部位则施以精美的雕刻，显示出当地精湛的建筑工艺水平和超逸的审美情趣。

一些大户人家的门头多有砖雕，砖雕的内容取材丰富，形式多样，既有传统故事，又有各种吉祥图案。这些砖雕以浅浮雕为主，清俊疏朗，再加上各种清晰有力的线脚，使得整个门楼显出一种清秀挺拔之美。如"银号"的砖雕门楼，书有"云

花雕漏窗

木雕窗

渚风华"四字，气势颇为雄伟。在次要入口和普通人家的入口处，则多镶几块条石作为门楣或门框，古朴而又简洁，充满刚毅之美。

内院是另一个装饰重点，特别是在院落四周的回廊下。正房回廊多为卷棚顶，卷棚顶下有精雕细刻的斗拱、挑枋、花式抬梁以及雀替等木构件，花纹主要有卷草、灵芝、云卷等。

门窗形式则更是多种多样，主要有方形、菱形、冰裂纹、万字纹等，有的还饰以精美的雕花。石刻的花雕漏窗多作为内院分割之用，这些露明窗皆为精美的石雕，形式各异，少有雷同，线条回转反复而又十分流畅，绝无烦琐之嫌，实在令人赞叹。

4. 保护建议

鸣鹤古镇在秀美的湖山环境之中，近傍古寺名刹，呈现出优美的江南水乡风貌，已被列为浙江省历史文化名镇，并已制订了历史名镇保护规划。希望认真按保护规划逐步进行整治与管理，保护其良好的环境及城镇风貌，随着地区经济和旅游事业的发展，鸣鹤将会有美好的前景。

图文：
李　昕 同济大学建筑与城市规划学院博士
参与调查人员：
柴　琳、李　磊、袁　菲、姚　凯

前童古镇鸟瞰之一

浙江宁海前童古镇

1. 概况

135

前童古镇位于浙江省宁海县西南部，距宁海县城约 15 公里，地理位置优越，西有甬台温高速、甬临线等交通要道。

前童始祖童潢，南宋绍定年间（1228—1233）见其地"山之灵，水之秀"，东有塔山，西有鹿山，北有梁皇山，东西两山对峙相望，后有山靠，前有水绕，中间平地，藏风得水，围而不塞，遂生迁居之意。绍定六年（1233），童潢将黄岩丹崖上岙全家迁居塔山之麓，结庐定居，并"相阴阳、度原湿、开草味、展经纶"，在此建村立业，逐渐兴发。因初建的村庄在惠民寺前，由此得名"前童"。

前童曾经历过三大劫难：其一，明初的"兵稍案"；其二，"燕王靖难"后的方孝孺案，塔山童氏中有大批方氏门生，皆受牵连；其三，清末太平天国某部洗劫前童，杀户 70 余。但村民始终遇挫不退，逐渐繁衍成浙东的大族，前童现为第三批国家级历史文化名镇。

前童古镇鸟瞰之二

童氏宗祠

　　自童潢从台州举家迁移到前童，七八百年来历经几起几落，但始终能长盛不衰，从治理白溪修坝筑堰到水八卦，从300把剪刀到7成的宗族公田，无一不在讲述着一个具有高度自治性宗族的生动故事。其社会脉络比一般村落要紧密和强烈。除了台州式的硬气外，其宗族的家学之风和团结精神，使前童有着独特的文化禀赋。前童镇居民重视宗谱，自明洪武十八年（1385）至1995年，先后7次大规模纂修族谱。前童历史上的几次变迁，造成部分童氏后裔分支流落外地，散居在台湾的童氏与前童童氏属同一脉络，保持着较紧密的联络。前童是国内乃至海外童姓后裔的寻祖交流地。

孝女湖畔

2. 古镇布局

前童古镇水渠环绕,卵石小路、瓦屋泥墙、巷道曲折形成了独特景致。

独特的位置选址及山水田园、渠水纵横的环境景观,体现了中国传统村落选址的风水思想和从生产生活出发的环境营造思想。梁皇溪、白溪二水环绕的平原上东西耸起小山两座,塔山树木青翠,鹿山芳草萋萋,呈青龙白虎之势。南部群峰如笔架拱峙,北面梁皇山脉阵列如屏,二水汇合的水口位于村东孝女湖,形势绝佳。由于三面环山,聚泄水快,为避免旱涝灾害,明正德四年(1509),童濠主持修建杨柳洪碶,碶通沟,沟通洫,洫通浍,5公里多长的碶渠流经每家每户,灌溉农田2000余亩,流入孝女湖,最后进入后溪再满足其他村落的需要。碶渠、古建与街巷一并暗合八卦之意,街道水景别致,水渠穿巷

碥渠

古桥

职思其居宅院

绕街，又有暗渠经宅屋底下流出，屋里屋外有水相绕，人水共生乐融融。"村得山水而灵，水因流动而活"，这话在前童有了很好的演绎。

古镇按照"回"字九宫八卦式布局，南街北街是外围，花桥街、石镜山路、双桥街为内围。村中老街、小巷布置有序，祠堂、水井、渠道错落相间。古镇的街巷异常狭小，建筑异常密集，水街并行，却又不同于江南水乡古镇先有水系后有民居的历史格局，有着独特的"小桥、流水、人家"的韵味，是中国不朽的建筑文化精粹。

宰相府建筑细部

明经堂

小桥流水宅

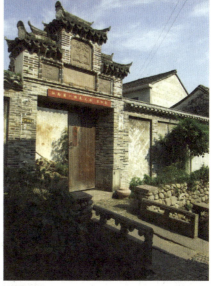

宰相府

3. 建筑特色

　　前童古镇区现存古建筑 1300 余间，以民居建筑居多，形式以四合院（三合院）接耳房为主。古镇区内完整保留了众多明清庭院，具有典型的浙东风格。现存古建大多翘角飞檐,每处梁坊门窗都雕刻精细，砺雕、石刻门楼、马头墙、脊塑雕花都足以证明五匠（木匠、裁缝匠、砖瓦匠、泥水匠、石匠）的工艺水平。寓意丰富的各式铺地花纹、马

140 头山墙的堆塑题字、门头的匾额颢字和雕饰、开启形式别致的窗户、深具内涵的红石雕花窗和木雕装饰是古镇建筑的典型风貌特征。类型丰富的祠堂原有大小32处，是别的古镇难以见到的，目前尚存7处，多数建于明清，用材粗壮，高大巍峨。其中以前童大宗祠最为气派，明洪武年间（1368—1398）方孝孺建造

致思亭

大夫第门头

山墙上嵌有"群峰簪笏"四字石刻，与宅前山峰相映

并制定宗祠制度，是宗族祭祀祖宗、商议大事、文化娱乐的公共场所。祠内 32 根圆柱暗合象棋子数，隐喻全族一盘棋，体现了古镇浓郁的传统宗族文化氛围。

4. 保护建议

前童古镇明清宅院、祠堂、牌楼、亭台等古建筑保留完整，数量众多；民居内古家具、古字画、古碑帖、古牌匾显示出浓厚的文化积淀；水

八卦、石板桥、水井、卵石路等村内基础设施为村民的日常生活提供便利；水渠、碓渠等水利设施经过漫长岁月风貌依旧，灌溉着前童千亩良田；更弥足珍贵的是前童古镇保留了较完整的民风民俗。前童的手工业经济在家族中处于重要地位，手艺门类齐全，代代有名匠名工，木匠、裁缝匠、砖瓦匠、泥水匠、石匠为前童赢得了"五匠之乡"的美誉，远近闻名，其中木雕在手工业中尤为突出。山水秀丽的古镇还有着丰富的农副特产，香干、豆腐、米花糖、米酒、苞萝烧、葛蒲酒等十多种，曾经名噪甬台，称甲一方，反映出前童人的聪明才智和顽强的拼搏精神，形成了具有童氏家族特色的经贸文化。建议对这样一个保存完整的古镇进一步加强保护措施，深入了解其研究价值。

图文：
徐　琳　同济大学国家历史文化名城研究中心规划师
参与调查人员：
李红艳、王建波、徐铭鸿、张文婧、薛　梅

驿前古镇鸟瞰

江西广昌驿前古镇

1. 概况

驿前古镇位于江西省广昌县南部，距县城 40 公里，有 206 国道在此经过。古镇地处五夷山腹地，四周群山环抱，中部呈小型盆地。南宋时曾设"梅林驿站"于小镇之前，故名"驿前"。古镇以赖、白、许三姓居多，其中赖姓占全镇总人口的一半以上。

驿前古镇历史悠久。据族谱记载，唐代已有人在此居住。明代以后，古镇人口渐多。依靠种植白莲，以及当地独有的晒烟、泽泻中药材的优势，小镇日趋繁荣，至清、民国时期，成为地区经济中心，通过古驿道，影响远达福建、广东等地。新中国成立后，驿前古镇逐渐衰落。目前白莲、晒烟、泽泻依然是当地主要的经济来源。

全镇现存有清朝早、中期的古建筑 49 处，其中 35 处民居，13 处祠堂，1 处半祠堂半民居。大部分古建筑都遭到不同程度的损坏，有的还很严重，但建筑的规模和样式保留较完整，精美的砖雕木饰、粗

144

传统商铺

五桶庙

尚庚公祠
关帝庙　君子攸咛 布政祖庙
七进厅

刘家屋　　　　蔡家屋

赖氏祖庙

无运祠堂

伯春公祠（部分）　金家坪
　　　　　公锡祠　　龙峰拱秀　塘背屋
白太郎公祠　　　　　　王坊坪　坡疗下

雄蕃公祠　金鳌鱼　永家屋　　　上石坎

秘书袭庆　鹏程公祠　老屋下　　楼下弄　暗弄里厅下　下石坎　迎薰

希厚公祠　　　　　　　　　外翰第　暗弄里
　　云衢公厅下　高岭弄厅　　进士第
白家祠堂　　　　魁星楼　　　龙西公祠　亦枕甫居　奉先思孝 塔疗下
　　　　　　大夫第　　　　石屋　　大屋下　　大
　　　　　　　　　　　　　　　　　　　　　港
　　　　公恒公祠　　　大屋里　　　　　希秀公祠　下
　　　　　　　　　　　　　长禾场
许家屋　河脑上
茂永公祠

　　　　　　　船形屋　　　　　江

盯

■ 保留古建筑
　水面

驿前古镇历史建筑分布图

古镇盛产荷花

大的用料都反映出当年的盛极一时；
就整个古镇来说，虽然新建了许多
现代建筑，但整个小镇的格局犹存。
镇边还保存有古驿道的遗址。另外，
白莲的种植为驿前营造出特有的景
观资源，每当仲夏季节，大片怒放
的荷花在群山翠抱下美如仙境，堪
称"世外莲源"。

据了解，驿前古镇有丰富的传
统文化和风俗，其中数传统灯会
最有影响，每到闰年二月十一、
十三、十五，灯会历时三天，不仅
有一整套起灯、舞灯、落灯的仪式，
而且规模较大，整个过程分为12组
不同的花灯进行，参加巡演的人数
逾千，灯舞、制灯工艺也极具特色，
内容十分丰富。远近的人都赶来观
看，更有福建、广东的人也来观赏。
还有庙会、莲花"罗源秀才"的传说、
家谱等等，都是亟待挖掘、整理和
保护的有价值的非物质文化遗产。

传统商业街

2. 街巷格局

驿前古镇的街巷格局主要由一
条环路加两条"Y"形的主要街道
构成，沿街的店号在古时主要是经
营当地特产晒烟、莲子和泽泻；另
一条是横街，主要分布有旅店、酒
家和杂货店。据当地老人回忆，新
中国成立前在横街不到200米长的
距离内就有70多家酒店，可想见当
年的繁荣景象。古镇有曲折如迷宫
般的小巷串联，一般街宽3米，巷
宽1.5至2米，有的地方还不到1米，
有的地方则放宽为小广场或空地，
成为人们日常交往和工作的重要室
外空间。小巷曲折也是出于防卫的
考虑。

146

典型入口样式

民居厅堂

3. 建筑特色

　　古镇所有建筑都有前院，大门的方向一般会垂直于厅堂的朝向，有的正对厅堂的院墙会做成照壁。牌坊式的门头十分考究，厅堂的门一般造得更为精美，磨砖对缝，直落到顶，檐口部分有砖雕和画枋，这样的做法很有明式建筑的风格。进门后大都有一个四落水的天井，

石砌的水槽用料都比较大，然后便到了正厅，一般都是三进三开间，主间大稍间小，考虑排水的方便，每一进渐次升高。如果是祠堂，那厅堂一般较为高大，分为前堂、中堂和后堂，中堂上供有祖先的牌位，两边是放置祭祀用品的房间，基本没有侧院或辅房。

　　从一些匾额上可以确认驿前的古建筑大多建于清康熙、雍正和乾隆年间，但总体来看驿前古镇上的古建筑多为梁柱结构，在木构体系上延续了许多明代的做法，其中最为突出的便是普遍的木柱础的使用。在江南地区木柱础是明代建筑的重

木柱础

要标志之一，与周边地区相比较，木柱础的使用也成为驿前古建筑的一大特色；另外，柱身有收分，梭形梁、曲枋和梁枋大多扁作的特点都与明式建筑十分相像。无论是祠堂还是居住建筑，规模较大的都采用两重顶，有很好的隔热和防水功能；隔墙则用竹笆敷泥做成，是典型的乡村的做法。从小木作上来看，直棂窗的使用也是明式建筑所特有的，还有很多精美的石雕和木雕，

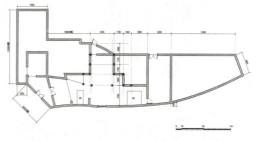

船形屋平面测绘图

河边的船形屋

148

民居院落

祠堂建筑

雕纹都比较深，这也是明式的风格。总体来说，驿前的古建筑造型大气。

4. 保护建议

驿前古镇基本处于无保护也无开发的状态，当地居民主要还是依靠经济作物和外出经商作为主要的生活来源。现保存有古建筑近50栋，其中祠堂14处，其余为民居。古建筑年久失修，亟待整治；街道环境较差，缺乏街道设施和管理；有相当一部分破坏或严重破坏古镇风貌的新建筑；缺少有力的保护规划指导未来古镇的开发建设。

建议加强古镇的保护意识，重视古镇的传统文化。此外，还需要加强保护的法规、机构和专项资金的设置。

149

盱江在古镇边流淌

文：

丁　枫　同济大学建筑与城市规划学院博士生

丁　援　华中科技大学建筑系博士生

杨　燕　同济大学建筑与城市规划学院硕士

图：

刘君怡　华中科技大学建筑系硕士

150

临江古镇沿河景观

江西樟树临江古镇

1. 概况

　　临江古镇地处江西省中部，在"药都"樟树市的境内。东濒袁河，南依瑞筠山，西傍潇江。古镇东低西高，南北狭长，背山面水，因濒江而得名；江滨有石，蜿蜒如龙，长数丈，故又名"石龙城"。

　　临江西南吴城遗址的发现，证明商中期以前就有人在此定居。唐武德八年(625)建镇，镇以潇江得名，始名"潇滩镇"，后更名"临江镇"。因其地濒临赣、袁、潇三水之便，商贸繁盛，人丁兴旺，是颇具规模的镇市。明成化二十一年（1485），淫雨水涨，赣江改道，临江渐衰。

　　临江建镇至今已逾千年，作为军、路、府所在地亦长达920年，相传临江历史上鼎盛时期，古城临江为"城内三万户，城外八千家"。自建镇后，就有"兵戈庾廪之积"，是驻兵囤粮要地，为兵家所必争。宋时，先后设兵马都监，千户所和万户府，临江汛和精兵营，"以重防守"。临江府自宋至清，除有府学宫和县学宫外，还有众多书院，

152

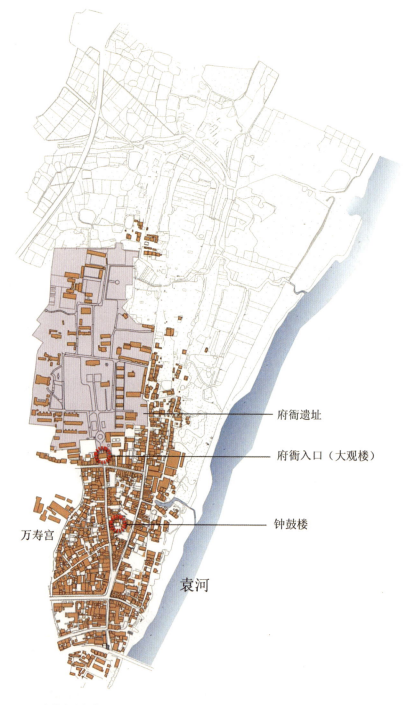

府衙遗址

府衙入口（大观楼）

钟鼓楼

万寿宫

袁河

临江古镇古迹分布图

大观楼

古称"人文荟萃"之胜地。苏轼、苏辙、范成大、朱熹、文天祥等历代名儒学士先后来临江，访贤、览胜、讲学、题写临江的诗文，现存数百篇。临江古为江南西道驿运枢纽。舟车辐辏，除便利的水上运输外，还有往苏、浙、皖等8省的驿道。往来贸易发达，现可考证的商业老字号就有50余处。

2. 古镇布局

古镇街巷保存了原有的历史格局，大观楼（谯楼）是古镇的制高点，为原府衙入口，成为镇区的核心。古镇主要商业街道"丁"字交叉于大观楼前，并与另一重要商业街构成三角形的核心街道格局。现存古镇府衙主要地段保存较好，街道格局完整，大观楼、万寿宫等历史性建筑保存较为完整，遗存较为丰富。现江西省革命残废军人休养院，即原府衙所在地，大堂遗址仍可查考，且民国时期遗存较多，是江西省保存的最大的府属衙门旧址。

临江有一重要建筑钟鼓楼，位于三角形核心街区内，"楼凡四层，宣窗四面，面面玲珑，四层上悬铜钟，与谯楼对峙"，是原临江重要象征。历代文人在临江都留下了众多赞美钟鼓楼之辞，可惜已拆除，但基址犹存，恢复有望。古人曾形象地形容古镇为"郡城如舟"，钟鼓楼为樯，大观楼为船舱舱门，古城如满载货物的巨轮待发。

万寿宫

民国特征建筑

传统商业建筑

三叠马头墙

3. 建筑特色

临江现存历史建筑以清末、民国时期居多，临江有"吴头楚尾"之说，因此在临江可以看到多种流派建筑的特征，集江浙、赣、皖、闽各种样式，丰富而奇丽，这也正是临江建筑的特点。

民居建筑有赣南民居"多进天井"的特点，八字门头，三开间两进两天井居多，少数保存较好的呈现三开间三进三天井的特点。建筑主要为两层砖木结构，二层主要用于储物，屋顶采用青瓦铺成，单檐硬山，建筑结构抬梁式与穿斗式结合，屋面样式以封火山墙和硬山相结合，有的略呈徽派建筑的特点。

商业建筑主要分三种形式：

（1）传统木结构商业建筑

以木结构一进为主，传统两层，二开间或三开间，一层用于商业，二层居住或储物。建筑底层多采用排门形式。二层形式则较灵活，半层层高的，多为排板，不开门；整层层高的，多开门开窗。栏杆形式多辐辏，局部吊脚处理，有湘西建筑的特点，封火山墙样式富有变化。

向内坡的屋顶

沿河建筑及柱廊

（2）民国时期以后建筑

出现近代特征，在券门、门楣、明柱等处有近代花饰图案和做法。

（3）沿河的传统商业建筑

屋檐出挑较大，以柱支撑，形成廊棚，构筑沿河贸易空间，是临江古镇的一大特色。

4. 保护建议

针对临江"历史遗留多、保护现状差"的现状，建议尽快编制保护规划，进行以遗址复原为主的修缮工作；着重对几处文物保护单位

和保护建筑进行严格保护和重点修缮，大量的保护状况欠佳的历史建筑，需在专业技术部门的指导下进行维修改善。有效保护历史遗存，充分挖掘城市文化内涵，带动相关产业发展，积极推动城市经济发展和文明建设。

图文：
刘振华　同济大学国家历史文化名城研究中心规划师
葛　亮　同济大学国家历史文化名城研究中心规划师
参与调查人员：
肖建莉、周海东、徐　琳、蒋　雷

江

星

下　街

街

上

东园

聚星桥

南市

玉屏山

彩虹桥

镇政府

清华古镇平面图

江西婺源清华古镇

1. 概况

清华古镇位于江西省婺源县北部。唐开元二十八年(740)婺源建县，设县城在清华镇，唐天复元年(901)迁之弦高(今县城紫阳镇)。光绪《婺源县志》在地图上于清华镇注"船行止此"；《清华胡仁德堂续修世谱》(道光戊戌重修，以下简称《世谱》)说婺、浙二水合流处"吴楚舟楫俱集于此"，这说明此地是船运的终点。清华古镇也是古驿道交会的地点，北去徽州，西去景德镇，南去婺源转上饶、衢州，地处"京省要津"。

清华山水形势雄壮，在风水中称为"黄龙吐气形"。星江绕镇环流，婺水从大嶂山向东南直下30公里，至清华古镇西侧数里，折而东流，弯环过镇北，在镇的东侧汇合浙水(发源于浙岭)，然后向南流去婺源县城。

清华古镇的"龙脉"起于大嶂山，在镇西南2.5公里突起一座茱岭，《世谱》称它为"来龙少祖山"。它东南方有一带屏风形的山，东西并列五峰，称为"五老峰"，是"本

星江晨景

境主山"。五老峰自南而北,逶逦
直抵清华镇南,尽端叫"玉屏山",
是"中市坐山"。清华古镇夹在玉
屏山和婺水之间,呈弓状延伸。世
代传诵的"清华八景",其灵感便
是来源于这青山、碧水、古镇构筑
出的锦绣风光。

星江绕镇环流

石板老街

古镇生活景观

沿街店铺

2. 古镇布局

　　清华古镇的主干街道是一条长约 1.1 公里的古商业街，首尾贯通全镇。西半街为西南向，约 500 米，称为"上街"；东半街东西向，约 600 米，称为"下街"。镇的东部偏南，面对二水合流处，是唐代县治所在（据《世谱》上的《八景图》）。它的南边是"东园"，西边有一片民宅，就是"南市"。

　　北宋咸平五年（1002），江南名儒、清华人胡定庵编订的《星源志》载，清华古镇到北宋已经有四坊、九井、十三巷。"四坊"从西至东依次是长寿坊、桂枝坊、安仁坊和仁寿坊，每坊都有一个两柱式的坊门。"九井"都是唐代水井，《星源志》中考订过它们的名字。这些井大多分布在清华街的南侧，大体依次由西到东，可见唐末这一带已经人烟稠密了。现今唐井大多不存，只剩下古县署旧址、水井巷和双井巷各一口了。"十三巷"中方头巷是胡氏总祠仁德堂所在，祠堂遗址在今彩虹门旁。大夫巷是宋武翼大夫胡师礼旧居，今仍用旧名。其余十二巷大部分还保持着旧时格局，但巷名全异，无从确认。

古街券门

160　　　清华古镇为婺源县治历时 161
年，又是水陆码头，自古商业发达。
历史上清华街曾是婺源第一长街，
号称五里，两侧店铺林立，只偶或
被宗祠和府邸间断。婺水自西向东
流，东端是水口。下街的东段，靠
近船坞码头，从宋至明，曾是瓷器街，
三户一家窑货铺，五户一间瓷器店。
因为清华镇附近出高岭土，除了供
应景德镇外，东园一带从唐代以来
就遍布瓷窑，出产青瓷、影青瓷、
青花瓷等。清华古镇的瓷窑业曾经
对景德镇有过影响。

3. 建筑特色

　　古街商业店面大多为两开间，
少量一开间或三开间，有些为连排
店面，5 间或 7 间。两开间的店堂，
一间设曲尺形柜台，一间开放，都
是铺板门面。店堂后进是住家，二
者之间有一个极窄的天井。因为房
子狭小，二楼大多住人，向前挑出
几十厘米。楼上正面大多为板壁、
开窗。窗下槛墙有贴花式栏杆做装
饰，更多的是在下沿的花枋、花板
上作华丽的浮雕。

彩虹桥近景

161

清华古镇原有的 2 座古桥尤为珍贵。一座是街西头通向景德镇的彩虹桥，一座是街东北角通向徽州的聚星桥，两者都是石墩木梁的风雨桥。

目前保存完整的彩虹桥始建于宋代（据《婺源风物录》），在村西婺水向北弯折的地方，为东西走向。桥长 140 米，有 4 个石砌桥墩，5 个桥洞。桥墩长 13.8 米，宽 7 米。桥洞上造廊，两坡顶，廊桥木构建筑简洁明了，全部是卯榫搭接。在石墩上的廊南北突出，在突出的部分置以石桌、石凳，供来往的人歇息停留。桥廊两侧通长设栏杆靠椅，在桥上可欣赏南面的五老峰和茶岭以及北面的河湾、山冈和村落。

聚星桥位于清华下街，为西南至东北走向，1985 年拆除后新造了一座钢筋水泥的公路桥。从《世谱》八景图上看，原聚星桥和彩虹桥的建筑形式基本一样。

彩虹桥远眺

聚星桥东岸街区

162

4. 保护建议

　　清华街西段的街道和建筑保留尚好；而在东段，许多新建的居民住宅破坏了原有古街的风貌，各种建筑风格和建筑材料，使景观的连续性受到破坏。现在，若要保护整条古街，恢复东街的格局困难较大。鉴于此，对清华古镇的保护提出以下几点建议：

　　（1）编制保护规划

　　有必要先行制订古镇保护规划，要强调规划的法制性、可操作性。

古镇民居

考虑到从居民到基层领导的历史保护意识不强，亟需对其加以规划编制与实施的技术指导。好的规划能对吸引资金、有效保护以及带动地方经济发展起到引导作用。

（2）合理开发旅游

旅游开发作为促进古镇保护的一项战略方针，需要有一系列与之配套的具体方法。清华古镇旅游开发可以结合历史街区保护同步进行。挖掘古镇旅游潜在的客源市场，对旅游产品做好包装、宣传，同时加强本地旅游配套服务。

（3）基础设施建设

历史地区的繁荣本来就是依靠交通条件发展而来的。在目前的情况下，一定要大力提高公路、道路等市政基础设施的建设和水准，使其能为古镇经济、文化的发展提供有力的支持，避免人居环境恶化而带来对历史遗存的破坏。

图文：
顾承兵 上海市城市规划管理局，硕士
参与调查人员：
张　松 等

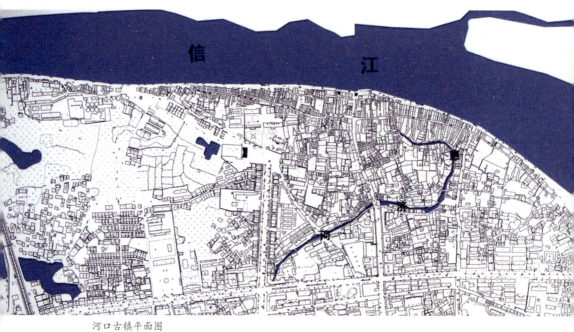

信 江

河口古镇平面图

江西铅山河口古镇

1. 概况

河口位于江西省铅山县北，信江与铅山河合口处而得名，铅，读"yán"。铅山属江西省上饶市，至清乾隆间（1736—1795），河口已经与景德镇、樟树镇、吴城镇齐名，成为江西四大名镇之一，"货聚八闽川广，语杂两浙淮扬。舟楫夜泊，绕岸皆是"。当时，闽、赣、川、粤、鄂、皖、苏、浙等省的百货集散于河口，特别以茶、纸著称。镇上原多手工纸坊，生产著名的连史纸，现代纸业兴起后衰落，直至消失。后因铁路、公路运输代替了水运，河口也开始逐渐衰落。

古镇中特色风貌包括沿江的大大小小数个码埠，穿镇而过的水道惠济渠，以及与古镇隔江相望的九狮山。

古镇兴盛之时，商品运输主要依靠水运，因此，古镇沿江处分布多个码埠。大的码埠多以巨大的青石或麻石砌筑，有半圆形、长方形或梯形之别。其中规模最大的为建于明代，清代扩建的"官埠头"，

官埠头　　　　　惠济渠上桥中分水式样　　惠济渠两岸民居之一　　惠济渠两岸民居之二

166

是当时的官船停泊处。

　　除沿信江之外，古镇中还有水系惠济渠，弯弯曲曲穿镇而过的惠济渠引水自信江，是明嘉靖年间（1522—1566）铅山人宰相费宏倡导开挖的人工河，既具有消防功能，又为两岸居民提供洗涤之便，蜿蜒回转，一座座青石桥横跨两岸，平

添江南小镇风情，饶有趣味。

　　古镇北面，与信江相隔，是闻名的九狮山，为县北门户，又称"龙门"。据说从这里可以直达龙宫，故名"龙门第一关"，现镌刻在峭壁上的"龙门第一关"5个大字仍清晰可见。现用船只相连形成浮桥，连通两岸。

信江北岸九狮山

2. 街巷格局

　　河口古街起始于明初，盛于明代中期，在清乾隆年间（1736—1795）基本定型，古时以来，素有"九弄十三街"之称，现格局保存完好。古街由东而西沿信江南岸建筑，旧分一堡、二堡、三堡，全长约2.5公里，宽6米。路面用长条青、麻石或鹅卵石铺砌而成，布满车辙。目前保存较为完好的街道约有1500米左右，以二堡保存最为完整。街道两边尚存旧店铺多家，多数保持了明、清建筑特色，基本上保留了古商业街的格局。由古街至沿河码埠，有多条巷弄相通，幽曲相连，韵味十足。

沿古街高低错落的历史建筑

河口古街

铺着石板的蜿蜒小巷

168 　3. 建筑特色

　　古镇沿街现仍存有大量店铺和手工作坊,包括茶行、药铺、银楼等,建筑多为砖木结构。沿街店铺连排密布,均为2层,下为木排门,楼层有花栏杆或花格窗,屋顶出檐深,用雕花牛腿支挑,不做腰檐门廊,街巷显得狭窄高峻。房屋之间以梯形山墙分隔。店房均有多进,进深幽长,侧厅堂布置,有的深达几十米。一进为门市铺面或作坊,二进以内及楼面为居室、栈房等。铺面、

楼廊内精美木雕

位于二堡的"金利合"药铺

窗台、楼廊和店内各间的隔扇等大多饰以精美的砖石雕、木雕和彩画。现古街众多旧商号店铺面貌结构保留完好,且不同年代建筑特色鲜明。其中,建于1881年,坐落于二堡的"金利合"药铺,是一座保存完好的具有典型近现代风格的店铺。

　　古镇中的民居建筑,则多为富商所建,装饰华丽,布局自由,没有繁缛的排场所需的形式和拘谨的布局,荟萃了江南明清建筑的艺术特点。

民居建筑入口之一　　　　　　　民居建筑入口之二

4. 保护建议

目前，河口古镇整体街道格局保留较为完好，古街巷与沿江格局关系清晰可辨，多处较大民居建筑本体保留完好，建筑雕饰精美分明，"金利合"等明清时期商铺建筑也得到了比较好的保护。但古镇中许多新建、加建建筑对于古镇整体风貌的影响和破坏较大，且多处建筑面临年久失修等问题，亟待保护。现当地政府已加大力度禁止古镇范围内对于建筑的改建、加建，并严禁新建建筑，为保护工作创造了良好的基础，但整个古镇仍处于无开发且无途径保护的修整状态，亟待采取进一步的保护措施指导未来的开发建设。

图文：
张晨杰　同济大学建筑与城市规划学院博士生
参与调查人员：
范　利、丁　援等

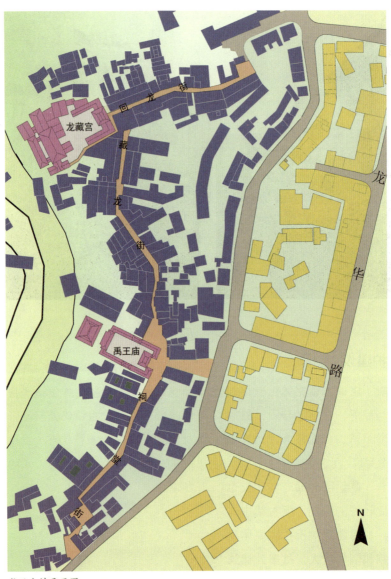

龙兴古镇平面图

重庆渝北龙兴古镇

1. 概况

龙兴古镇位于重庆市渝北区东北部，距重庆市中心 36 公里，处于一个在风水学说中称为"五马归巢"的浅丘盆地上，面临长江支流御临河，背枕铁山山脉石壁山。

据《江北县志》记载，龙兴建镇始于元末明初，并于清初设置隆兴场，因传说明建文帝曾在此一小庙避难，小庙经扩建而命名为"龙藏寺"，民国时改为"龙兴场"。龙兴古镇曾是商品集散地，市场繁荣，亦是渝北区主要的旱码头。

龙兴古镇保留了许多旧时的传统文化，具有浓烈的传统文化气息，主要表现在川剧艺术、宗祠文化、习俗和宗教方面。

古镇有"龙兴人生得犟，载秧挞谷把戏唱"之说，这句话是龙兴人忙里偷闲去听书、看戏的真实写照。古镇上的居民十分热爱川剧艺术，不但喜欢看戏，还喜欢自己唱、自己演，从而形成了川剧坐唱，亦称为"打玩友"或"打围鼓"，行话也称"七贤会"。

南龙门

　　古镇至今还保留有许多传统的习俗。清明节家族清明会、丧葬纸扎工艺、红白喜事川剧坐唱、糖关刀、中秋节打糍粑等。

　　古镇宗教文化浓郁，有佛教的龙兴寺、道教的龙藏宫和基督教的福音堂。各种宗教文化汇集于此，反映了不同信仰的人杂居的情景。

　　历经数百年，龙兴古镇更像一位历经岁月沉淀的老者，那历史悠久的青石板老街、古朴典雅的穿斗民居、香火依旧的宫庙殿宇、乡情乡音的戏剧唱调，无不向人诉说着它曾经的繁华与荣耀。

祠堂街

回龙街

颇具特色的街心凉亭

2. 街巷格局

现存的老街呈"丁"字形，由两条南北向相接的街道（祠堂街和藏龙街）和一条东西向的街道（回龙街）组成，全长约 2000 米，街道宽约 4 米，为青石板铺就。祠堂街上分布着华夏祠堂、明氏祠堂和包氏祠堂；藏龙街以禹王庙为起点，以龙藏宫作为转折点，老街中最具特色的就是街心盖"凉亭"，供镇

藏龙街之一

174

藏龙街之二

上居民晴日避暑、雨天避雨，凉亭
内设置木质坐椅，亦是休憩、闲聊
之所；回龙街街道曲折，落差较大。
街两边老宅店铺林立，多为 2 至 3
层的明清风格的穿斗房，竹木夹壁，
白灰粉墙。商铺、祠堂、庙宇，成
为老街上最有特色的建筑元素。

龙兴寺外的大台阶　　　　龙兴寺内的拜殿

龙兴寺内的戏楼

3. 建筑特色

古镇上保留众多具有特色的古
建筑群，具有代表性的有禹王庙（龙
兴寺）、龙藏宫、刘家大院，展现了
古朴典雅的建筑风格。

（1）禹王庙

又称"龙兴寺"，位于古镇藏
龙街，始建于清乾隆年间（1736—

1795），2002年曾做过大规模的修
复。现存的禹王庙占地4000平方米，
坐西向东，依山而建，中轴线对称，
二进院落。轴线上依次为山门、戏楼、
正殿和后殿，两侧各有厢房、耳房
等辅助性建筑。禹王庙现作为佛教
庙宇。

（2）龙藏宫

龙藏宫内景

龙藏宫戏台

建于明代，建筑坐西向东，面积约3000平方米。龙藏宫呈四合院轴线布局。轴线上依次为山门、戏楼、正殿和后殿。两侧各有厢楼、耳房等。进入山门，即为戏楼。戏楼面阔3间，高10余米。由于龙藏宫现为道教宫观，其格局较古时改动较大，其中有些许砖石建筑为后来所建。

（3）刘家大院

原名"瑞祥号"、"登吉堂"，始建于清道光年间（1821—1850），是做针线生意发家而建。大院坐东朝西，占地2000多平方米。建有20多米高的封火山墙，典型的三开五间式，中轴对称，庭院式布局。整个建筑结构为穿斗式木梁架，属典型的巴渝民居风格建筑。厅堂高敞堂皇，装饰精美奢华。

刘家大院内景

4. 保护建议 **177**

龙兴古镇留有众多的历史建筑，像禹王庙、龙藏宫等，规模宏大，均近年修复，显得豪华而古意不足，在老街和传统民居的修缮中应特别注意原真性的要求，以留存岁月历史的痕迹。古镇就在重庆市近旁，可成为大城市休闲旅游之地。要发扬龙兴原有的传统特色文化，使之成为重要的旅游资源。

（4）祠堂

龙兴古镇宗祠文化源远流长，祠堂众多，有明氏祠堂、包氏祠堂、华夏祠堂和刘家祠堂等。这些祠堂构成了古镇独特的建筑风景。祠堂多为院落式布局，一般设有戏楼、祭祀先祖的拜殿、厢房和其他辅助建筑。每逢清明节，各氏族齐聚祠堂祭祖，规模盛大。

图文：

赵　逵　同济大学建筑与城市规划学院博士后
　　　　华中科技大学建筑与城市规划学院副教授
詹　洁　华中科技大学建筑与城市规划学院硕士

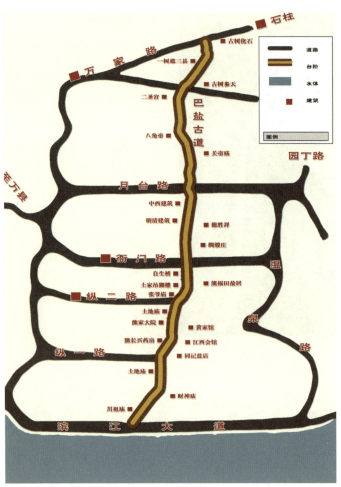

西沱古镇平面图

重庆石柱西沱古镇

1. 概况

西沱古镇位于重庆市石柱土家族自治县长江南岸，隔江与忠县石宝寨相望，因长江在此处呈 S 状急转弯，古名"西界沱"（"沱"为江水急弯之意，长江沿线有许多以"沱"为名的村镇）。古镇位于三峡淹没区，上连丰都"鬼城"、恩施"土家族风情走廊"，下与万州、云阳、奉节、小三峡等风景名胜相连，是三峡库区重点保护的传统风貌古镇，被列为第一批"中国历史文化名镇"。

古镇因盐运而兴盛，自北宋咸平年间（998—1003）起，便是"川盐古道"的重要节点和货物集散地。元代川江水路在此设"梅沱小水站"驿站，作为连接川鄂交通水驿，是重庆出川的必经驿站。清乾隆二十七年（1762），在此设巡检司，置塘汛，商贾如云，古代的川盐、桐油、皮货、丝绸、蜀绣等天府特产，经长江上游的成都、重庆、涪陵等地运到西界沱，再转运去鄂西以及川东南与黔、湘两省交界的

隔江相望的石宝寨

酉阳、秀水、黔江、彭水（俗称"酉秀黔彭"）一带，是古代著名的陆运交通线，故有"长江千里古盐道"、"川鄂边贸重镇"之称。

西沱古镇居民中，最大的家族为谭氏，"湖广填四川"时由湖北迁徙过来，曾在镇上先后修建3座谭氏祠堂（已毁）。在以前，从正月初一开始，游车灯、划彩船、耍龙灯等春节的各种风俗活动盛行，各家还要摆宴，吃"龙灯稀饭"；到端午节时，沿江举行划龙船比赛；其他喜庆时节还有唱川戏、耍河南把戏等活动。

云梯街街景之一

云梯街街景之二

2. 街巷格局

　　"云梯街"古建筑群为西沱古镇的核心保护街区，明清时期，客栈老板和商人为了抢夺生意和招徕往来商旅，沿长江边建房开店，继而一层层随山势向上延伸，最后一直修建到方斗山脚下的独门嘴山

云梯街台阶之一　　　　　　云梯街台阶之二

巅，成为长达数里的"云梯街"，它以传统商业为中心，形成垂直于长江依山而建的独特布局。云梯街从长江淹没线算起，至山上独门嘴总长约1.9公里，共计112个平台，1124步石阶梯，高差达166米，全程均由5尺宽的青石板大台阶铺成，旧称"五尺道"。整个街道布局奇特，被誉为"万里长江第一街。"

　　在云梯街的尽端，是一棵有数百年历史的古树。当地流行"一树遮三镇"的说法，意思是以此树为地界，沿云梯街以下为石柱县，以上为万县，两侧为忠县。阴历每月二、五、八日为"赶场"（赶集）的日子，周边各地居民会聚集于此街进行买卖，这种传统保留至今。

商铺一层层随山势向上延伸

3. 建筑特色

云梯街两旁随坡逶迤、错落有致的土家族民居建筑，极富巴渝特色。老街沿阶梯一侧建成商铺，屋后则建成吊脚楼，灰瓦白墙。历史上，古色古香的会馆、寺观、衙署和形态各异的封火墙、随山而建的吊脚楼、弯弯曲曲的青石板街道、枝叶繁茂的黄桷树组成一幅延续古韵的风俗画，尽显巴渝遗风。而今，尚存有一些历史建筑，如：川祖庙、财神庙、土地庙、张爷庙、关帝庙、

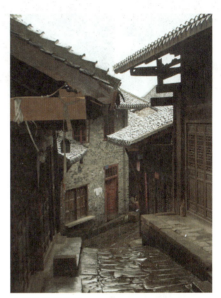

云梯街转角街景

吊脚楼

民居建筑之一　　　　　　　　　　　　民居建筑之二

二圣宫，地方商人所建会馆江西会馆、禹王宫（湖广会馆），以及同记盐店、永成皮货铺子、同福商号、德胜祥绸缎庄等商铺。

（1）禹王宫

原为鄂、湘商人所建会馆，建筑形式为巴渝山地建筑风格与湖广地区祠堂建筑风格相结合。其建筑群为合院，入口大门在戏台下部，两侧厢房与戏台同为2层。外围青砖墙、硬山顶、小青瓦，且砖墙上均刻有"禹王宫"三字。因院落空间随地势形成高差，戏台、厢房二层及正殿均在同一水平上，巧妙适应了山地的变化。

（2）二圣宫

二圣宫始建于明代，为祭祀孔子和关羽的寺庙，现为沿溪小学。正殿为原建筑，面积320平方米。建筑面江，其前有踏步几十级，可至沿溪老街，继续下行可达江边旧码头。

（3）下盐店

清代民居，为清代举人杨氏家族的住宅。下盐店巧妙地利用了山区地势的起伏，形成建筑群高低错落，屋宇重叠之势。其建筑构件用料大，装修雕刻十分精美，是地方民间建筑的代表。

（4）永成商号

始建于清代晚期。该建筑由天井式铺面房，及后院房屋组成。前面为营业厅，后为账房、仓库、住宅等房屋。前部铺面房为天井式，

同记盐店

石宝寨塔楼

坐东朝西。随地形条件而变化，布局自由灵活。

4. 保护建议

据相关部门统计数据显示，三峡水库175米蓄水成库后，西沱云梯古街被淹没古码头1座、古街道500米、居民建筑4250平方米、禹王宫文物建筑570平方米，严重影响了云梯街的整体形象；按计划一些历史建筑得到迁建保护，但大部分被淹没的建筑没有纳入国家地面文物复建规划和扶持中。

与石宝寨旅游区的庞大客流相比，西沱古镇可谓门庭冷落。虽然云梯街的青石台阶保存完好，两侧的民居基本得以修缮，但是有特色的建筑群已不复存在。

西沱古镇与石宝寨隔江相望，可考虑新建码头，将旅游资源整合优化，进行联合建设。但两个旅游区分别属于石柱县和忠县，存在招商引资和管理经营等障碍。若两地方政府能协调配合，西沱古镇必定有美好未来。

图文：
赵　逵　同济大学建筑与城市规划学院博士后
　　　　华中科技大学建筑与城市规划学院副教授
邵　兰　华中科技大学建筑与城市规划学院硕士生

平乐古镇白沫江风光

四川邛崃平乐古镇

1. 概况

平乐古镇位于四川省邛崃市西南 18 公里处一个气候宜人的小盆地之中。四面青山环抱，坝上沃野千顷，镇中白沫江缓缓流过，江旁挺立着千年古榕，风光旖旎。据史载，古镇已有 2000 余年历史，曾是川西南重要的码头集镇，也是"南方丝绸之路"上的重镇。镇的外围有秦汉古驿道、古造纸作坊群遗址、观音院、金华山、狮子山、芦沟风景区，镇内有古街巷、古民居、古码头、乐善桥、江西会馆、湖广会馆……古镇集市繁荣，保留富有特色的蜀地民风民俗。

平乐古镇历史悠久，早在公元前 150 年的西汉时期就已形成了集镇。汉代时，在平乐古镇发现了蕴藏量丰富的天然气，当地民众将气体引出地面煮盐炼铁，经济逐步发展。宋开宝三年（970）火井县县治迁至平乐，平乐的政治文化得到发展。此后，平乐由于周边丰富的竹木资源，造纸业和木材业蓬勃发展，并且由于白沫江穿镇而过，水路交

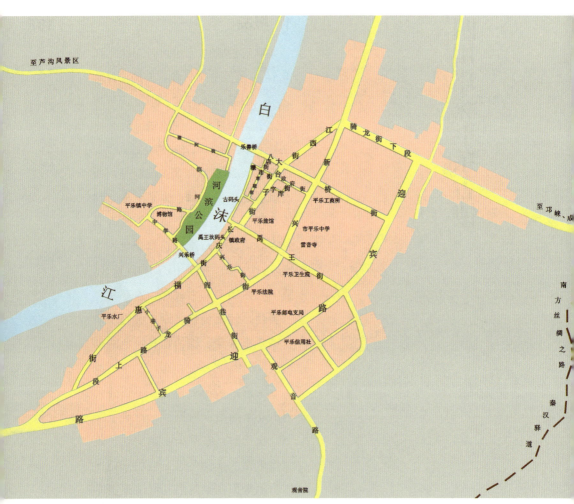

平乐古镇平面图

观音院内古塔

通发达，因而沿江建街市，集镇得到进一步发展。而后，城镇因战火被毁，清代重建。但至近代，因为传统造纸业改进为机器代生产，而运输方式由原来的水路运输转为陆路运输，以及传统的燃料从以木材为主转变为以煤为主等原因，街区逐渐衰败。

2. 古镇布局

古镇由沿着白沫江而建的福康街、长庆街、八店街、禹王街、字库街等十多条街巷构成。这些老街顺应地形，曲折变化，长短不一，各具特色又相互统一。八店街是镇上最短的街道，街两旁有8家老店铺，古打铁铺、古钟表铺等，古味十足；福康街是镇上主要的街道，因其上通夹门关，下至成都，古时

货物通畅，民安乐业而得名"福康"，街两边留有完好的木板青瓦的明清民居，环境清幽。白沫江江水清澈，景色宜人，是平乐古镇区的命脉和精华。江上留有建于清代同治年间（1862—1874）的石拱桥——乐善桥，被人誉为"邛南第一桥"。古时河运繁荣时使用的码头，也仍留存，至今船只往来仍旧频繁。江畔有多株千年古榕，树冠巨大，浓荫蔽日，在古镇两岸形成了天然的休闲娱乐场所，是古镇生活中心。树下方桌

福康街景观

乐善桥

190　一字排开，居民围聚，或喝茶聊天，或下棋打牌，场景热闹生动。

3. 建筑特色

古镇沿江的建筑是典型的川西吊脚楼，二层出挑，连续的界面形成一道美丽的风景。禹王街是镇上主要的商业街，下店上宅，建筑多为一、二层，一至三开间，进深较大，前为店堂，后为作坊、厨房。每月逢一、四、七的赶集日，禹王街商贾聚集，热闹异常。

4. 保护建议

平乐古镇所处自然环境优美宜人，古街巷格局明晰完整，明清建筑风貌完好统一，民风淳朴，周边又有几处极具考古价值的古迹遗址，因而是一处极具保护价值的古镇。

其一，古造纸作坊群遗址，位于古镇西北面芦沟风景区内。平乐镇的古造纸作坊，始于南宋，最盛为明末清初。宋《九域志》就有记载："平乐镇，濒河，水陆通道，市口繁富，纸市尤大。" 经初步勘探，现存古造纸作坊74处。这些作坊倚

古代造纸作坊遗址

山而建，设计独特，规模巨大，历史悠久，据专家考证，在全国现存古造纸遗址中十分罕见，极具保护价值。目前已开发了一处古造纸遗址，遗址内仍保留着几乎全套的古代手工造纸工具，用于"浸料、水煮、臼舂、抄纸、榨水、焙干"的水池、木桶、石缸、石磨等一应俱全。

其二，川南蜀道（秦汉驿道），位于古镇东侧骑龙山上，是被考古学家认定的"中国第一条丝绸之路"（南方丝绸之路）——灵关道的一

近年来，平乐古镇走上了"保护古镇，开发旅游"的道路，市府规划——出台，游人也渐渐增多，古镇正受到越来越多人的重视，但保护与开发中也出现了不少让人担心的问题。据悉，平乐正计划建设若干个复古项目，其中将恢复1000米长的古驿道，还将沿河修建千米吊脚楼一条街，吊脚楼全部恢复成唐时的模样，项目的科学性很值得商榷。因而要使平乐古镇能得到合理的保护和发展，还需要更多有识之士的关心和参与。

通往古遗址的山间道路

段。灵关道，据考证，从成都出发，过临邛（今邛崃），经平乐后继续通往南方。骑龙山上至今保存有约200米完好的古驿道，古驿道两边的杂草丛中是用卵石垒起的高墙，中间通车马的大道铺着巨大的卵石，走向顺着山势向山头蜿蜒。此外，道旁还有巨石垒着的方形矩形基础，疑为远古时代蜀人先民的聚居村落，或为燃放烽火报警的营地，极具保护价值。

图文：
李　舒　同济大学建筑与城市规划学院硕士生
参与调查人员：
黄宏智、乐　伟、金泊罗

礼州古镇主要历史建筑分布图

四川西昌礼州古镇

1. 概况

礼州古镇位于四川省第二大平原安宁河平原西昌市西北部，是西昌市北部最大的建制镇和经济文化中心。108国道和成昆铁路南北纵贯全镇，雅攀高速公路南北穿镇而过，是四川省省级历史文化名镇。

古镇始建于西汉元光六年（前129），称"苏亓"，东汉至蜀汉又称"苏祈县"，后取"崇德尚礼"之意改称"礼州"。1935年5月下旬，中国工农红军长征过西昌，毛泽东、朱德、周恩来等率红一方面军曾驻礼州。

原有的礼州古城，城池方正，四门对称，城楼相映，民居小院各具特色。城外四周有河环护；城外南、北街与水津街交界处，矗立着高耸的钟鼓楼。小城内外多系古建筑，据古籍记载曾有多达45座宫宇寺庙和民居小院。现在的古镇基本保留了原有的古镇街巷格局与规模，但城门仅剩东面的"迎晖门"，且损毁严重，而始建于明洪武年间（1368—1398）的古城墙都已毁。

老县衙

　　新中国成立以来，古镇的规划较早注意了古城区的保护，古镇区与新建区进行了有效的分区，但是由于近年来建设没有得到全面而有效的控制，一些新建的构筑物逐渐挤占了原有古城的特色空间，使得古镇的魅力减色不少。

古街巷之一   古街巷之二

2. 古镇布局

　　现今礼州古镇所在地的古城始建于明洪武年间，原为防御少数民族的边防城堡。清雍正时期裁革卫所，置礼州分县，将土城改筑为砖石城墙。城池占地约0.25平方公里，四门对称，皆修城楼。

　　城镇内外六街八巷：城内以十字口为中心，四街延伸至城门口，各街巷相通，地面原用石板辅砌；城外以钟鼓楼为中心，向四方延展。各条街尾均修筑木栅门，可以开关；城外也有数条巷道。城外北街杨家有"水阁凉亭"，阁亭波光倒影别有情趣。下南街有朗氏宗祠，布局疏密有序，殿堂厢院，各具特色。

　　城外沿城墙脚下凿有"护城河"。北墙外护城河又称"北沟河"，引入热水河水源自东向西，流向西郊田园。另一条南街水碾河，仍引热水河水源，由东向西，横穿正街与下南街之间的"崇文桥"向西流入南郊田园。

民居内天井

196 ### 3. 建筑特色

礼州古镇民居、宅院、寺庙、官署风貌犹存，多为砖木或土木结构。街面排列整齐，商业铺面次第延伸，门市铺面多有腰檐竖柱，街廊可供人行。铺面后多为住宅院落，或生产作坊。各街店、堂、面、铺造型变化，多系小瓦二层结构，底层临街面装置木质活动门板，内为柜台。后院住房常置天井，内设花坛，利用天井采光，形成穿堂风，使室内冬暖夏凉。

民居细部之一

礼州民居小院，大多系清末民初所建，具有明清建筑风格。如城内胡家大院，厅、堂、房、院、主屋、客屋、室等布局讲究，庭园秀美。民居形式有"院落式"、"四合院天井"、"一正两厢带跨院"等，多为砖木结构，穿梁斗柱，小瓦盖屋。屋内又多木质镂空雕花装饰，彩漆门窗，而后园则花草竹树，交相掩映。

现存的历史建筑主要有：文昌宫（今礼州小学），位于城外南街；胡家大院，位于老城中心；孙家大院，坐落在礼州古镇东郊冒盒山西

民居细部之二

文昌宫鸟瞰

文昌宫主殿

麓大堡子；老县衙，位于城中；礼州祖师庙，位于城内迎晖门西侧。

4. 保护建议

由于当地政府和人民具有一定的保护意识，采取了一定的保护措施，礼州古镇基本上保存了原有的城镇格局和街巷体系，其民俗文化也得到良好的传承。但是随着人们生活的发展，礼州古镇的保护也存在着一定的问题：

（1）古建筑年久失修。礼州古镇现有古建筑，如祖师庙、文昌宫等，

城外孙家大院

年代久远，损坏严重，由于历史原因又多遭破坏，房屋及内部设施急需维修和恢复。

（2）虽然礼州古镇主要的新区开发都在古镇以东的新区进行，并留有隔离缓冲带，但是在古镇中仍

祖师庙主殿

然建有多层的现代建筑，与古镇的建筑风貌严重冲突，破坏了街道的传统风貌。在古镇区，电力、电信等基础设施尚未采取地埋铺设，严重影响了老镇街景。

（3）缺乏整体保护与开发策划。

建议古镇将保护规划与旅游开发并举。一方面大力恢复古镇原貌，另一方面应积极建立以西昌市为中心的旅游资源群，将古镇纳入可成规模的区域旅游，带动古镇旅游产业的发展和经济的增长，从而使古镇的保护和发展相得益彰。

图文：
蔡晓丰 同济大学建筑与城市规划学院博士生
参与调查人员：
温显林、冯佳庆、杨笑予

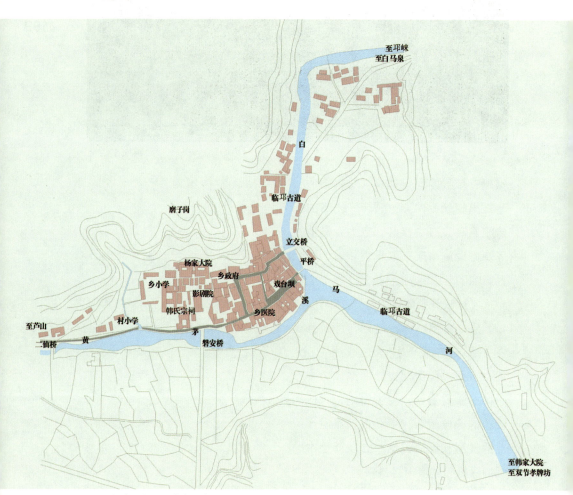

至邛崃
至白马泉

白

临邛古道

磨子岗

立交桥

杨家大院

平桥

乡政府

乡小学

戏台坝

影剧院

溪

马

临邛古道

韩氏宗祠

乡医院

至芦山

村小学

茅

河

二仙桥

黄

磐安桥

至韩家大院
至双节孝牌坊

上里古镇历史文化遗产分布图

四川雅安上里古镇

1. 概况

上里古镇是四川省级历史文化名镇，位于雅安市雨城区西北端，距市区 27 公里。因古罗城建置的时候，沿陇西河流上之十里建场，故名"上里"。它历史上是南方丝绸之路从临邛古道进入雅安的重要驿站，曾是商贾云集之地。明末清初有"杨、韩、陈、许、张"五大家居住在此，足见人丁兴旺。直到民国年间城镇仍贸易繁荣，景物昌盛。

古镇有许多明清风貌的吊脚楼式建筑，其中省级文物保护单位 2 处，市级文物保护单位 6 处。石板铺街，木屋为舍，古风宛然。此外尚有古桥、古牌坊、石塔相映成趣。

古镇目前以养殖和种植业为居民主要生存手段，每月逢二、五、八赶场日，当地和邻县人到此赶场逾千，场面格外热闹。

2. 古镇布局

上里古镇东南和南面分别面临白马河与黄茅溪，北依磨子岗，当地人称为"十八罗汉朝观音"。山

"十八罗汉朝观音"的山势

边绿树修竹，环境清幽。这种环境
模式是一个理想的背山面水、左右
围护的格局。中有池塘或河流宛转
经过，水前还有远山近丘的朝案对
景呼应，基地恰处于这个山水环抱
的中央。镇北有千顷良田，山林葱茏，

河水清澈，古时采薪取水均很方便。

古镇在水和街道的布局上具有
显著特点：水，因古镇两面临水，
当地人重视水资源的利用和水景设
计，展现了实用高超的技艺匠作水
准和淳朴的审美观念。古镇的石桥

古驿道和古立交桥

古拦水坝及石槽

非常有特点，和周围的名木古树、河流的开合转折紧密结合在一起。桥与桥呼应，纵深感强烈。一座桥分成几个高度，还可以满足货郎马匹的不同要求。其中最有名的是建于乾隆四十一年（1776）的二仙桥和建于乾隆十四年（1749）的古代立交桥。西北村口设置有一块巨大的赤砂岩构筑的拦水坝，堪称一小型民间水利工程。石头横卧溪流中，上有深石槽，据说是有洪水的时候放挡水板之用。石头两边是人工开凿的水道，便于分流山溪，平时行人在湍急的溪流中不用涉水即可直接从石头上走到对岸。街，作为商贸兴旺的场镇，城镇本身就是一处

以街代市的"场"，定期举行各类专业性的集市贸易，如毛皮、药材、山货等。故上里古镇的主要街道遍布各种沿街店铺，广场和街道结合，形成外向型的交易交往空间。而街区内和滨水临山之处，则为私宅。有些大户人家，距离街市较远，环境更加清幽。有趣的是，古镇以戏台坝为中心，街道向四周延伸，形成"井"路网格局。据载：民国初年遭遇大火，镇上铺面几乎焚烧殆尽。灾后重建便改为"井"字格局，意为"井中有水，水火不容"，另有"井中有水，水盛谷丰"的吉祥含义。

戏台坝

上里小景

红军遗迹

204　**3. 建筑特色**

　　四川汉族民居尺度不追求大，讲究小巧、得体、适度和内部装饰的精致。即使是上里古镇五大家的宅院也以内部的横向和纵向的重重构造见长，外表并不显现雄伟壮观。

　　距离上里古镇约 1 公里的大水湾是韩家大院，始建于清道光年间（1821—1850）。这里是钦点进士及第，武举，儒家的韩姓"华居"。清廷赐挂"卫守府"的火焰边金匾，至今仍在。又因韩家有守节之事，清廷赐双节孝牌坊，石牌坊目前也尚存。因此说这是一座非常有历史价值的宅院。该建筑面积 4000 多平方米，仿北京官宦府邸建造，它由 7 个四合院穿斗木结构天井组成，故称"七星抱月"。建筑四周有树木竹林环抱，内有花园，长方石板铺地，雕梁画栋。韩家大院所建之时聘请远近能工巧匠一二百人，进行整体设计，且多采用银杏、楠木、红豆木、红杉等材料，堪称一处保存完好的清代佳作。

　　由于上里古镇特殊的地理交通位置，历史上一直是相对繁荣的传统聚落，至今如此。各类公共建筑多有建设，类型非常丰富。除了商铺住宅外，大户人家多建有宗祠，镇上还有以前开设的 7 家学堂。镇东戏台坝广场上，原有一座高大戏台。牌坊、石桥、石塔等构筑物也颇多，特别是石塔，有文峰塔、建桥塔、舍利塔等，文峰塔下还有字纸炉，彰显本地文风。

　　1935 年红军经过此地，休整半年之久，留下众多的石刻标语和其他革命文物，经当地人民全力保护，至今大多保存完好，弥足珍贵。

4. 保护建议

从现状风貌和居住建筑群的规模而言，上里古镇是保护得相当完整的乡土聚落。这里传统建筑风格统一，建筑类型丰富，大部分建筑质量保持中等水平，个别精品质量上等。街道格局保持完整，周围自然环境清幽，交通便捷，具有旅游发展的优势。人民的生产生活和集市贸易至今保持了乡土特色，经久不衰。但也应该注意到，新建筑目前对老的建筑冲击较大，一定程度上形成对现有古镇风貌的破坏。加之保护经费匮乏，居民大多不愿意维修老建筑，保护难度不小。

面对保护与发展的矛盾，上里古镇于 1987 年第一次编制了古镇总体规划和重要地段的改建规划设计。古镇在省级风景名胜区蒙顶山规划中，已作为一处重要的游览点纳入规划，并定性为传统建筑风貌和优秀田园风光为特征的旅游景点。目前在保护规划中应特别注意对"井"字路网骨架的疏理和保护，并对戏台坝周围环境重新布局，恢复广场作为文化活动和市场交易的功能，同时也为游人和当地居民提供休闲的公共空间。此外，整理滨河建筑，修复独特的吊脚楼景观和展现临邛古驿道的独特性都有助于历史风貌的保护。只有为当地居民在旅游开发和建筑设计中做一个成功范例，才能更有效地动员公众参与保护工作。

图文：

朱晓明　同济大学建筑与城市规划学院副教授，博士

张　兰　上海同济城市规划设计研究院工程师，硕士

参与调查人员：

王　剑、高　璟、金静祺、方　斌

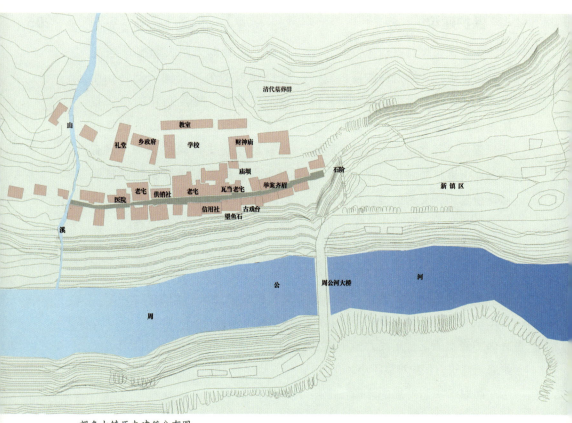

望鱼古镇历史建筑分布图

四川雅安望鱼古镇

1. 概况

望鱼古镇位于四川省雅安市境内，距雅安市区 34 公里。望鱼镇是乡政府所在地，为全乡的政治、经济和文化中心。古镇历史悠久，先民于明末战乱之时迁此定居。它凭依周公河，主要建筑群建在一块巨石之上，地势险峻，易守难攻。因巨石形似猫儿望着河中的鱼，故名"望鱼"。望鱼物产丰美，当地土产以鲜笋、竹木与肉类、雅鱼等天然产品为主。特别是雅鱼闻名遐迩，雅安地区便以"雅雨"、"雅鱼"、"雅女"著称。白居易曾赋诗赞美："想见青衣江畔路，白衣紫笋不论钱。"

由于历史上西南丝绸之路的支线驿道由此经过，故望鱼成为周边物产交易的场所，并逐渐发展起来。明末清初之时，作为商业贸易集镇，望鱼形成了每月逢一、四、七日赶场的风俗，当地众多公共建筑皆为当时所建，到了民国时期集市兴盛达到了顶点。新中国成立后，随着公路的开通，古驿道的交通功能废弃，物流和人气渐散，望鱼吸引周

望鱼古镇老街

掩映在山林中的石阶

边贸易的地理优势不复存在，古镇
因而逐渐衰落。近年，凭借古镇的
历史魅力和依托周边景区开发，旅
游业有所发展，加之自身资源的利
用，古镇有望重新振兴。

店铺地坪与街道有一定高差

2. 古镇布局

初到望鱼，面前是整齐的钢筋
混凝土住房，这是新镇，完全没有
古镇的风采。回身观望，才发现镇
入口侧翼是掩映在茂密山林中的悠
远石阶，既陡又长，足有100多级。
顺石阶而上，到平坦地段才是历史
上古镇古街的所在地。

"秩秩斯干，幽幽南山"，望
鱼古镇的选址体现了中国传统风水

在形态结构上的一般特点。古镇坐
落在望鱼石上，下有周公河穿越，
周围群山拱绕，靠山面水，符合"枕
山、环水、面屏"的选址要素。特
别是望鱼石隐藏在山腰之间，体态
平整，结构坚固，防御性强，又可
免受自然灾害侵袭。山下河畔地势
低平，正可以作为交通集散和河埠
码头之用。古镇西侧有一条山溪自

望鱼店面的柱础

望鱼古镇民居

山顶而下，穿越长街流至周公河中，是古镇的重要生活水源之一。

望鱼古镇长街由于古驿道穿越，具有贸易、生活、交通的复合功能，是村镇形态的骨架；又由于地势狭长，绝大部分建筑沿着街道两边而建，因而形成完整的"一"字长街的特殊形态。老街两侧店铺均有凸凹变化，如柱廊、檐口和立面的进退等。杂货店、药店、旅店、理发店、戏台等都有尺度丰富的开合变化。在现已被遮挡的戏台和原财神庙之间建有长街的"视觉中心"——交易广场，是古时赶场最重要的交易空间，街道在此豁然开朗，产生了良好的视觉效果。

望鱼古街地面以块状青石铺成，石头厚达半尺，长约2尺半。中央横铺，两边纵铺，两侧店铺地坪与街道有一定高差，有些大宅前面还有若干石阶设置。通常石板上有孔，与地下的排水系统相联系，形成完整的排水体系。这样的青石板老街颜色深沉古朴，功能完备，建造施工技术精良，徜徉其中难辨今昔。

3. 建筑特色

建筑依据地势而建，大多是下铺上宅，或者以天井分割成不同功能。四川气候温和，多雨，夏长冬短，雅安地区更在古时被称为"天漏"，是中国的暴雨中心。当地云雨颇多，因此住宅的隔热防雨比保温更为重要。建筑材料以木为主，采用板壁和夹泥墙壁的经济做法；地面和底部的维护材料多为石料，既防雨，冬季也能保温。建筑的临水部分还采用了四川独特的吊脚楼方式。屋顶是"四水归堂"式，双坡出檐深远，天井四面屋檐相连，雨落到檐下排水沟或者经过石板中的排水孔流入地下。

210

望鱼作为曾经兴盛一时的集镇，拥有功能完备的居住建筑和一系列公共建筑，如礼制建筑、文教建筑、商业建筑、娱乐建筑等。这些建筑大多具有较为精美的石雕和木雕，建造技术精巧别致，布局缜密，具有较高的实用、审美价值。建筑色彩整体以材料的本色为主，呈现为灰色和褐色，很好地隐藏在周围的自然环境中。但在古街中穿行，匾额、窗框、柱子等局部呈现为黑、金和土红色等，具有细腻的变化，也反映了集市贸易的招揽特点。

4. 保护建议

从现状风貌和居住建筑群的规模而言，望鱼是保护得相当完整的乡土聚落。传统建筑风格统一又有变化，大部分建筑质量上乘。这也得益于世代相传的以木为主要建筑材料，就地取材，及时维修的做法。

望鱼古镇的现状保护也与新镇区的择址另建有关，这种做法或者与古镇独特的用地条件密切联系，基地的限制恰恰为保护提供了良机，并使新镇区具有了更大的发展空间。

望鱼新镇区

鉴于古镇整体风貌保存完整，尚未遭到现代人工雕琢痕迹的侵害，建筑质量精良，生活生产体系依然比较完善，因此是难得的展现四川人民建造方式与古时商旅生活的乡土聚落。

不容否认，望鱼在长期的停滞中众多古迹也遭到了破坏，尤其是有价值的公共建筑和广场破坏严重，保护工作任重而道远。目前望鱼的古镇建筑规模不到 5 公顷，周公河因建水库而隔断，至今无法通航；雅望公路虽直抵雅安，但雨季多塌方，造成古镇和外界的阻绝，如果单纯强调旅游开发，从规模和交通上应付一定的客流量难度不小。我们在宣传加强建筑保护的同时，要特别注意对望鱼人文价值的整理研究，使古镇的历史价值逐渐为人瞩目。望鱼所临的周公河特产雅鱼，闻名于世；山林土产丰富；集市贸易源远流长。如果加强特色资源的开发，既有力地保护了当地的生产和生活方式，又在经济上具有更加稳妥的发展前景。

图文：

朱晓明　同济大学建筑与城市规划学院副教授、博士
张　兰　上海同济城市规划设计研究院工程师、硕士
参与调查人员：
方　斌、高　璟、金静祺、王　剑

212

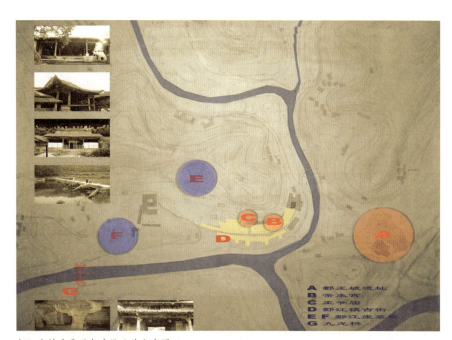

郫江古镇重要历史建筑及其分布图

四川绵阳郪江古镇

1. 概况

郪江古镇为四川省历史文化名镇，位于绵阳市三台县城南约45公里。它地处川北丘陵区南缘，南临郪江，东滨锦水，建于两江汇合处。

郪江在春秋时为郪国的首都，西汉置郪县，迄今已有2000多年的历史。古郪王城仅存基址，现街区建筑物基本为清乾隆三十一年（1766）以后建造，基本保持了原有城镇格局。主要街道上古建筑风格较为统一，保存状况也较为完好。

郪江古镇坐落于山环水绕之中，依山傍水而建，体现了历史人文景观与自然山水的有机结合。在众多古迹遗存中，首推列入国家级文物保护单位的郪江汉代崖墓群。其主要历史街区为带状的古镇主街。其他古迹有九龙桥、王爷庙、郪王城、郪王墓、帝主庙、天台书院等。

帝主庙

主街街景之一

214

2. 古镇布局

　　郿江古镇仅有一条主街，呈明显的长条状，依金钟山麓东西横列，长约 400 余米，宽 7.5 米。

　　郿江古镇主街为独特的廊檐式古街区。"一"字形长街廊柱长檐井然有序，街坊每隔 30 米左右均设有防火墙。房屋建筑古朴典雅，部分民房间有重檐谯楼，亭、台、楼、阁，雕梁画栋，造型别致，雕刻工艺精湛。

　　街中多大榕树，给街巷一片绿荫。两旁红柱青瓦的民居铺面和高耸的寺庙会馆错落有致，交会融合。屋顶出檐深远，覆盖宽 3 米左右的石板地面供人摆摊设点，为集市遮挡烈日和风雨，形成颇具地方特色的街市氛围和历史景观。

　　民居有"四合院"、"一进两院"、

主街街景之二

"田字四合院"等形式。一般按堂、厢单元式组合成大小不同的庭院，其布局正中系厅堂，院落左右两侧是厢房，后面有小型花园。

　　寺庙会馆四合院布局，前为乐楼带大门，左右接厢楼，后为殿堂和内院。乐楼檐角飞扬，风铃阵阵作响；殿堂雕梁画栋，宏伟庄重，内院庭院井天，玲珑雅致。

3. 建筑特色

215

郪江古建筑中，在木椇、栏板、窗栏、砖雕、漏窗、石鼓、井栏等上雕琢有神话传说、戏曲故事，也有各种花卉、绶带和博古图案。

当地建筑木雕刀法娴熟，精雕细刻：檐前吊瓜，廊柱出檐，漏花卷草，檐下斜撑。攀柱彩绘飞金，"驼峰"云纹飘逸，上下交相辉映，是相当珍贵的建筑历史资料。

（1）王爷庙

郪江古镇现存最古老的木构古建筑群当推王爷庙。它坐落在主街中段，结单檐悬山顶，屋面覆盖小青瓦。前殿、正殿至紫云宫，随地势逐级抬升，布局谨严。

山门乐楼合一，山门南开，乐楼北向。门楼结单檐歇山式庑殿顶，屋面覆盖青色筒瓦。戏台分前后台，戏台周围雕刻精美，镂空雕造人物分 3 层，姿态生动，形象优美。台内有长 12 米、宽 9 米的长方形广场，内可容纳二三百人看戏。另有 2 株树冠呈伞状擎举的古榕树，春夏浓荫蔽日，为古庙平添了几分幽邃与神秘。

王爷庙山门

王爷庙戏台

建筑木雕

九龙桥

九龙桥石雕螭首

（2）九龙桥

九龙桥始建于清同治八年（1869），以9条高浮雕龙为磴，20块相并的长平石为梁，首尾相连，浑然一体。九龙形态各异，逆水而卧。桥长35米，宽2.1米。

九龙桥磴上九龙，全部采用长达4米的巨石整体雕琢而成，须髯飞动，鳞爪栩栩如生，极富动势和立体感，充分展示了郪江古代工匠精湛的高浮雕石刻技艺水平。9条石梁古朴沉稳，石雕螭首临水高昂，场面异常壮观。尤其是在夏秋水涨，波翻桥面之际，那"见首不见尾"的群龙形成的"九龙出水朝金阙"的场面，蔚然成胜景。

（3）郪江崖墓群

古镇四周山坡上分布有两汉、三国、两晋、南北朝时期的崖墓近万座，是研究汉代建筑艺术文化的宝贵史料。郪江崖墓群为四川省重要的崖墓群，以雕刻精细并具地方特色著称，于1996年10月公布为全国重点文物保护单位。

吴家湾二号墓的都柱斗拱全国仅有，金钟山一号墓中"狗咬耗子"石刻也全国有名。其他还有青龙、白虎、玄武、朱雀等吉祥物和各种

吴家湾二号墓的都柱斗拱   "狗咬耗子"石刻

人物及表现房屋建筑的装饰雕刻等，都具有很高的历史、艺术研究价值。

4. 保护建议

郪江拥有国宝汉代古崖墓群和蔚为奇观的九龙桥，因此在保护措施上要特别注意古镇及其周围的历史环境，要保护住整体的风貌特色。这种环境保护要制订科学的规划，并给予法定的地位，免遭现代村镇建设性的破坏，同时这些古建筑及古桥梁均已年久失修，也亟待筹集资金进行修缮以使之永葆特色风貌。

图文：
李 昕 同济大学建筑与城市规划学院博士
参与调查人员：
孙文清、包雄伟

218

福宝古镇鸟瞰

四川泸州合江福宝古镇

1. 概况

福宝古镇位于川、渝、黔交界处，四川盆地西南，距四川省泸州市合江县城 42 公里。西汉时，这里即为夜郎古道，是蜀郡南部和贵州夜郎部落交流的重要道口。明清时为川盐古道的运输节点，四川生产的食盐都要经此运往贵州北部。由于边贸交易频繁，这里逐渐形成商业场镇，明初时叫"新场"，后来随着外地客商的汇集，场镇上开始兴建各地会馆，如万寿宫（江西会馆）、禹王庙（湖广会馆）、天后宫（福建会馆）等，借宫庙之名，古镇改名"佛保"，意为"佛祖保佑"，新中国成立后谐音改为"福宝"。

福宝古镇受贵州夜郎文化、四川巴蜀文化以及中原文化的交叉影响，展现了多元文化的丰富性，同时又是大漕河流域政治、经济、文化交流中心，自古形成了古乐吹打、傩戏、灯戏、秧苗戏、肉莲花、高腔山歌、俚俗说唱、猴子爬竿、狮子翻台等丰富独特的民间艺术形式。特别是独具特色的福宝唢呐锣鼓演

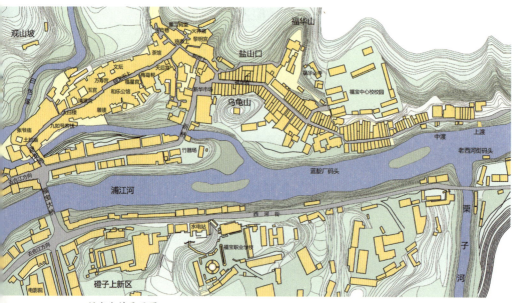

福宝古镇平面图

奏，被著名美学家王朝闻誉为"难得的民间文化艺术珍宝"。

福宝风味小吃早在清末就享誉川南黔北，既有传统的酥饼、豆腐干、油炸糍粑块儿，也有清水笋尖、玉兰片、竹笋、竹荪等竹系列美食。特别是酥饼与豆腐干享有盛誉，有"仙市豆油仁怀醋，福宝酥饼豆腐干"的说法。

山水环绕的古镇

2. 古镇布局

古镇布局极具特色，老街完全
建在起伏的山脊之上，而且三面环
水，自古就有"五桥相通，三水相
汇"的说法。环绕古镇的小河叫"回
龙河"，它的上游叫"白色溪"，
发源于福宝镇内海拔1094米的马颈

山，另外两条河是浦江河和栗子河。
浦江河经大漕河流入长江，曾是重
要的水运通道，由于上游多险滩激
流，船行到此改运陆路，因此成为
水旱货运转接点。古镇原有上、中、
下3个古渡码头，上渡历史最早，
现仍在运营，下渡、中渡已被撤销，

222

顺着山脊起伏的回龙街　　　　正街街景

仅存遗迹。

　　回龙街是全镇现存最完整的一条古街，街面由老青石板铺成，两侧民居一间靠一间，大小不一，错落有致。街道全长 450 米，宽 1.5 至 8 米，根据地势起伏和商业功能分为 6 段，分别是：桥埝上（经营小吃、烟酒）、五间铺（曾有 5 家客栈）、九如号（曾有 9 家商号）、正街（杂货街）、上坎坎（地势为大陡坡）、陡石梯（街道由石板阶梯组成）。此外，还有鸡市巷（专门卖鸡的巷子）、米市巷（专门卖米的巷子）等小巷道。仅从街名就能感受到当时商业的繁荣。

　　街道两边的空地叫"菜园子"、"席子田"，过去都是耕种成席子格状的田埂和绿油油的庄稼，现在

小巷

青石板大台阶

散布着零星的新民居。从回龙街对面的观山坡上俯瞰全镇，四周是连绵的山峦和蜿蜒的河水，狭窄的街道顺着山势上上下下，起伏非常大。特别是鳞次栉比的屋宇千姿百态，排排木吊脚楼沿壁高悬，形成独特的传统聚落景观。

靠在岩壁上的吊脚楼

3. 建筑特色

古镇落差大，建筑多以吊脚楼
为主，吊脚楼的后部用木料或砖石
为支撑，从街正面看一两层，街背
面却悬在山下六七层，仿佛从大地
里钻出来，极具川南特色。其中最
重要的古建筑有：回龙桥、惜字亭、
德泰号盐铺以及三宫八庙等。

街道两侧的木板屋

（1）回龙桥

回龙桥是沟通双河半岛与万寿
山交通的古桥，因跨越回龙河而得

古镇一景

酱园

名。它建于清道光二十年（1840），全长 25 米，桥面宽 4 米，拱高 6 米，桥的中央部位镌雕有一条龙，桥中挂有剑，雄跨于白色溪上（回龙河），桥面全用大青石铺就，栏杆是大青石雕刻成歇山式房顶式样，是古镇仅存的老石拱桥。

（2）惜字亭

位于一棵大黄桷树下，亦称"字库"、"化字炉"。古人为了表示对知识的敬重，废弃的纸张不能

土地庙

随意丢弃，要收集起来放在"惜字亭"中焚烧。此亭建于清乾隆五十年（1785），6层8面，逐层上收，通高8米，各层均有浮雕，图案各不相同。亭序中记述了清乾隆时福宝已"积众约数百家，可称巨镇"的史实，这对于研究古镇历史文化具有重要意义。

（3）德泰号盐铺

旧时由皮氏开设。福宝自古是川盐入黔的重要盐道，供应贵州习水等地的食盐一部分经福宝运销。由于当时食盐管理混乱，福宝成为大漕河流域和黔北地区私盐贩运的重要站口，设有盐站多处。

（4）三宫八庙

巴蜀古场镇一般宫、庙众多，福宝镇也不例外，主要有土地庙、火神庙、五祖庙、天后宫等。其中五祖庙，为三合院，坐南朝北，大殿三开间，左右为厢房，上下两层，穿斗结构；张爷庙，供奉的主神是张飞，为屠商敬奉的神；清源宫，供奉李冰和文翁；禹王庙，湖广商人的会馆，又称"商楚会馆"；万寿宫，江西商人的会馆，供奉许真人；天后宫，福建客商的会馆，祭奉女神妈祖。此外，还有王爷庙、灯棚、观音庙等庙观。

4. 保护建议

2008 年福宝古镇被列入第四批中国历史文化名镇，所有的历史建筑和文物得到妥善的保护。由于古镇历史悠久，许多历史建筑大多已亟待修缮，应特别注意原来历史风貌的留存，尽可能地使用原来的材料和原工艺，保持其原本的古拙城镇的特色。

火神庙

图文：

赵　逵　同济大学建筑与城市规划学院博士后
　　　　华中科技大学建筑与城市规划学院副教授
张　钰　湖北省新星建筑设计院院长，高级工程师
詹　洁　华中科技大学建筑与城市规划学院硕士

顾县古镇鸟瞰

四川广安顾县古镇

1. 概况　　229

　　顾县古镇位于四川省广安市以北，隶属于岳池县，位于其东部。它南枕白云岭，北临伊洛河，依山傍水，水沛田丰，农业生产自然条件优越，农耕文化在这里得到传承和守护。

　　顾县历史悠久，物产丰富，是唐代武则天万岁通天二年（697）置岳池县时的第一座县城，有1300多年历史，享有"千年古镇"的美誉。顾县古镇曾经是该县的"区公所"所在地，后来因"拆区变镇"，顾县降为场镇，但沿用其名。

　　古镇保留着许多传统的曲艺，如今仍保留的曲种有：莲花落、快板、盘子舞、四川车灯等。每逢过节，这些活动就在川主庙的舞台上上演，不仅丰富了古镇居民的生活，也是对传统文化的良好传承。

　　顾县人喜舞文弄墨，且世代相传，留下了不少生活气息浓郁的谚语、歇后语等，如"雨水清明紧相连，植树季节在眼前"，"春争日，春争时，百事宜早不宜迟"，"鸡脚

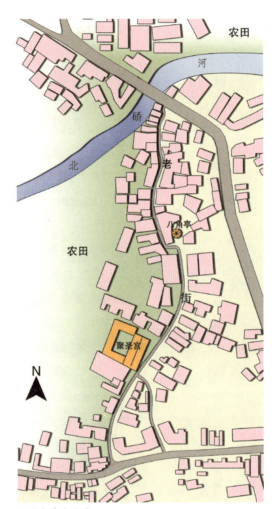

农田

河

侨

北

老

八角亭

农田

街

聚圣宫

N

顾县古镇平面图

古镇生活之赶集

古镇里的老茶馆

神装灵官——假充正神"，"瞎子挂坟——估堆堆"等。仅《顾县镇志》统计的就多达2000余条，约1万字。民间有 "风雅音乐社"和"清声音乐社"等社团，为红白喜事助兴，现今仍有"金城诗社"等文学团体活跃在古镇。

豆腐是顾县古镇最有特色的食品，而五香牛皮豆干因神奇的古方，玄秘的水质，精湛的工艺，使其独具特色，回味悠长，广受青睐。这种传统的食品也在现代得以延续和创新，特别是最新研制的豆腐宴，菜式多达180多种，更是将《三国》、《水浒》中的典故搬至饭桌，如"空城计"、"暗度陈仓"等。

茶文化也是古镇的特色，街上最多的是茶馆。从早到晚，镇上的老者几乎全都集中在这里，泡上一杯清茶，在纸牌麻将的玩乐和陈年旧事的闲聊中打发晚岁光景。茶馆大都古朴而宽敞，一律的八仙桌、长条凳，土砌的老虎灶上一排排黢黑的镔铁壶，形成茶馆古老的特色，

232　与街巷的冷清相反，茶馆凝聚着古镇永恒的热闹，使古镇显得古老而悠远。

　　千年的北碚河，挺立的八角亭，热闹的老茶馆，流传于街头巷尾的生活谚语，飘香四溢的特色豆腐干，无不在诉说着这个小镇的古老故事。

2. 街巷格局

　　顾县古镇的老街，年代已难确考。部分虽因兵匪毁坏，但仍遗留了明清时期的大部分建筑。现存的古街，以一条纵横南北的长街为主，街长约 1000 米，北临北河，上段称为"中华街"，下段叫做"河坝街"，旧时河的北部还有"下河坝街"，如今已被农田取代。古时街头尾有栅子门，以保居民的安全。

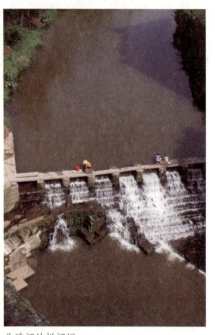

北碚河的拦河坝

古镇街景

天井小院

3. 建筑特色

古镇街道两边是居民的房屋，风格朴质淡雅，顺应街的走向而布置。建筑为穿斗梁架式木结构，以上下两层居多，多则三四层。底层多为店铺，用木板做墙，二、三层为居家用房，其墙是雕窗和竹编上敷泥及石灰构成，前楼多设置走廊，可供观景。屋顶中央有高耸的四方凉亭，建筑中一般雕有花纹画楼雕图，纹饰精美。古镇上原有关帝庙、川主庙、百草堂、广佛寺及八角亭，如今仅存川主庙和八角亭。

（1）川主庙

川主庙又名"聚圣宫"，为纪念李冰治水功德而建。位于中华街中部，坐东朝西，背对着街道。庙始建于乾隆四十七年（1782），经道光、光绪年间维修或重建。总占地面积1500平方米，呈中轴线布局，轴线上依次布置有戏楼、院坝、大殿和后殿，南北两侧厢房连接戏楼和正殿，布局紧凑。现今的大门位于后殿明间，向街道直接开门，显然不是原有的格局。原有的大门应是从戏楼而入，戏楼前有走廊台阶，戏楼上部有"聚圣宫"的牌匾。但戏楼前空间现已荒废，无法辨别其原来的面貌。

戏楼为重檐歇山屋顶，穿斗叠梁综合式梁架。配殿面阔5间，为单檐悬山式屋顶，穿斗梁架。大殿面阔5间，单檐悬山式屋顶，抬梁式屋架。殿内供奉蜀郡太守李冰。后殿和大殿相连，面阔与高度与大殿相同，后殿东面即为中华街，殿

聚圣宫戏楼　　　　　　　　　　　　　　　　　　　　聚圣宫外廊

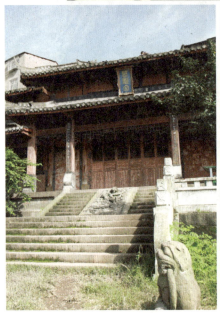

聚圣宫　　　　　　　　　　聚圣宫外石阶雕刻

明间为街道进入庙内的通道，这种背街而建的会馆也属于会馆建筑中比较少见的布局方式。

　　川主庙整体风格朴实，艺术特色以馆内的石雕和彩绘为主。主要集中在抱鼓石和台阶中间的坡道。在入口的台阶中央，有一块雕有卷云和龙图案的石雕，卷云采用浅浮雕，龙采用高浮雕。其形态逼真，雕刻精美。另有一处位于大殿之前，亦是石雕，图案为二龙戏珠，均以高浮雕雕刻。在大殿的两侧稍间墙壁上均有彩绘，以人物故事为主。这是在其他会馆建筑中很少见的。建筑整体清新朴实，极具当地民居风格。

　　川主庙是古镇上如今唯一留存的一座会馆建筑，现为顾县镇顾兴社区调解文化大院。

　　（2）八角亭

　　坐落于古街的南端，中华街和河坝街交汇处，为八面型的小型建

八角亭

筑。屋顶为攒尖形式，采用西南地区民居惯用的穿斗式结构，屋角处使用挑梁，正门对街道。由于其为八角形，异于当地的普通民居，因此在功能上也具有特殊性。当地人介绍，八角亭曾为镇上居民发誓愿的场所。古镇的居民遇有事故及纠纷时，就会到八角亭外烧纸发誓，从而使得该建筑具有公众性，同时也给其增添了一丝神秘色彩。

4. 保护建议

顾县是座千年古镇，有千米老街并留有川主庙等优秀历史建筑，特别是丰厚的古镇传统文化，更显古镇的特色。建议要尽快制订古镇保护规划并加以实施，以免遭到人为的破坏。

图文：

赵　逵　同济大学建筑与城市规划学院博士后
　　　　华中科技大学建筑与城市规划学院副教授
詹　洁　华中科技大学建筑与城市规划学院硕士

洛带古镇鸟瞰

四川成都洛带古镇

1. 概况 **237**

洛带古镇位于四川省成都市东郊，龙泉驿区北部。古镇历史悠久，相传汉代即成街立巷，名为"万景街"。唐宋时，隶属于成都府灵泉县（今龙泉驿区），排名成都东山地区"三大镇场"之首。清时更名为"甄子场"，后复用原名，一直沿用至今。洛带是成都东山的经济、政治文化中心，素有"东山重镇"的美名。镇内的居民大都是客家人的后裔，他们的先民是明末清初时期"湖广填四川"移民运动迁移至此。明清时期，各省籍客家人纷纷捐资在此建造了许多精美的移民会馆，其中遗留至今的有湖广会馆、江西会馆、广东会馆、川北会馆。洛带也因此成为了名副其实的"会馆之乡"。

洛带古镇85%的居民都是明末清初移民至此的客家人的后裔，客家文化与四川本土文化在这里融合。从"湖广填四川"移民运动至今已有400多年的历史，但原籍的乡音俚俗依然在客家人子孙今天的生活中，虔诚地秉承原样而代代沿袭。

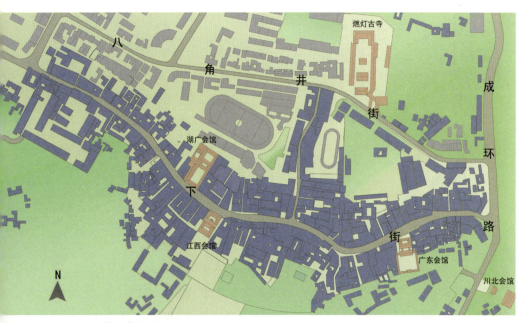

八角井街

燃灯古寺

成

环

路

湖广会馆

下

街

江西会馆

广东会馆

川北会馆

N

洛带古镇平面图

古镇街景

他们一般都掌握两种语言，对外人
交流大多用川西话和普通话，对内
却仍用独具韵味的客家话。"宁卖
祖宗田，不丢祖宗言"是他们所奉
承的祖训。所以人们说，洛带是中
国内陆"最后的客家王国"，是弥
足珍贵的"客家方言岛"。

客家婚俗具有汉民族婚俗"六
礼"全过程，如哭嫁、亲迎、抬花轿、
轿夫说四言八句、踩篾席等。每年
的元宵节和七月二十六日、二十七
日，洛带的客家人都要举行盛大的
舞火龙和水龙节来庆贺丰年，并以
此感谢上苍的赐予。

千年的老街、流诗淌韵的建筑
和独特的客家文化构成了洛带历史
悠久、韵味深长的历史画卷。

2. 街巷格局　　　**239**

　　整个古镇呈现"一街七巷子"
的格局，主要由1条主街（上下街）
和7条巷子组成。老街全长1.2公里，
街两边建筑鳞次栉比，各大会馆点
缀其中。旧时古镇主街有上下两个
山门，各个巷子也分别设有栅子门，
每当暮时，山门和栅子门相继关闭，
继而构成了完整的防御体系。这种
布局可能和客家人的移民文化相关，
正如客家的另一种居住方式——客
家围，亦是一种具有防御功能的居
住模式。

古镇下街

湖广会馆

240　3. 建筑特色

　　古镇的建筑以明末清初风格为主，大多为单层，也有2层和3层。这些民居多为"单四合院式，二堂屋"结构，内设天井，屋脊上通常有"中花"和"鳌尖"等装饰。

　　（1）湖广会馆

　　位于洛带镇老街中街，清乾隆八年(1743)修建，又称"禹王宫"。会馆坐北朝南，由牌坊、戏台、耳楼、大殿和左右厢房构成。馆内建筑均为全贴金装饰。

　　（2）江西会馆

　　位于洛带镇老街中街，由江西籍客家人于清乾隆十八年(1753)兴建。会馆坐北向南，背面的山墙面向街道。建筑依中轴线对称布局，由前、中、后三殿和一个小戏台构成，两进院落式布局，将其戏台镶嵌在中殿和后殿的天井内，小巧别致，与江西会馆清新雅致的风格相得益彰。

　　（3）广东会馆

　　亦称"南华宫"，乾隆十一年(1746)建。会馆坐西北向东南（有望故乡之意），依中轴线对称布局，

江西会馆

江西会馆建筑细部

江西会馆戏台

广东会馆

广东会馆巍峨的歇山大屋顶

广东会馆精美的龙脊山墙

川北会馆

原由大门万年台（已拆除）、前院矿坝两边一楼一底的厢房、三殿二天井、后门廊房及廊道四部分组成。砖砌风火高墙，每边墙头，各又耸立三墙半圆形巨壁，高低参差，曲线优美，雄伟奇观。

会馆的入口保留了客家从侧门入室的习俗，为会馆中少见。三殿二天井是该会馆的主体建筑，体现出客家楼式建筑的特色。三殿之间，开朗无相继，总而构成前后两天井。

（4）川北会馆

川北会馆建于清同治年间（1862—1874），于 2000 年 5 月从成都卧龙桥街迁移至此。作为洛带"四大会馆"之一，着重反映了川北移民在成都遗留的历史文化，其建筑风格独特精巧，丰富了洛带的会馆文化。

4. 保护建议

洛带古镇遗留下较为完整的城镇历史风貌，这些会馆是优秀的历史建筑，是独特的客家文化的物质载体，也是重要的旅游资源，建议对这些会馆有较好的保护措施。

图文：

赵　逵　同济大学建筑与城市规划学院博士后
　　　　华中科技大学建筑与城市规划学院副教授

詹　洁　华中科技大学建筑与城市规划学院硕士

242

铁佛古镇鸟瞰

四川内江资中铁佛古镇

1. 概况

铁佛古镇位于四川省内江市资中县西南 36 公里处，是省级历史文化名镇。铁佛古镇因镇内铁佛寺得名，兴起于明清两代"湖广填四川"的人口迁移运动，铁佛因此成为资中客家人聚居最多的城镇，从建筑风格到民风民俗深受客家文化的影响，并沿袭至今。

古镇的文化特色体现了四川本地文化与客家文化的融合，既有纪念川主的传统习俗，又沿袭着客家特有的风俗习惯。客家人勤劳简朴、崇尚礼仪、重视家庭，在客家文化的核心区域，人们使用同一种方言，遵守共同的社会规则和习惯，形成一个整体。

2. 街巷格局

古镇内主要街道成"丁"字形布置，街道根据地形起伏变化，有上街、中街、下街之分，且层层为界。在上、中、下街首尾衔接处设置栅门，起到了防御外敌入侵的作用。

244

铁佛镇城市用地现状图

古镇街巷

古镇下街

3. 建筑特色

　　客家人带来了南方的建筑技术
和风格，集中表现在各地的会馆建
筑上，如湖广会馆（禹王宫）、广
东会馆（南华宫）、江西会馆（万
寿宫）、福建会馆（天王宫）等。
民居建筑大多采取四川传统民居样
式，利用复杂的地形，或错层吊脚，

246

栅门

老屋新用

或跌落悬挑，与各地会馆建筑的观音兜、封火墙交相辉映。

古镇至今留存有南华宫、禹王宫、川主庙、铁佛寺、箐樟书院等主要历史遗迹。

依山就势的民居

4. 保护建议 247

　　铁佛古镇区位良好，对外交通联系方便，城镇建设发展较快。古镇的保护与利用，新区与古镇的协调发展都是亟待解决的问题。

　　古镇区历史风貌保存比较完整，然而历史建筑特别是居住建筑的质量普遍较差。因此规划管理中遵循"安全第一，保护第一"的原则，对质量差的历史建筑进行积极维修，严格控制古镇的第五立面和沿街立面，取得了一定成效。

　　古镇保护与发展的时机成熟，应做好城镇总体规划和古镇保护规划，使城镇规划与保护走上系统规范的发展道路。

图文：
林　林　同济大学建筑与城市规划学院博士生
参与调查人员：
丁　枫、吴伟平、李天华、李国华

248

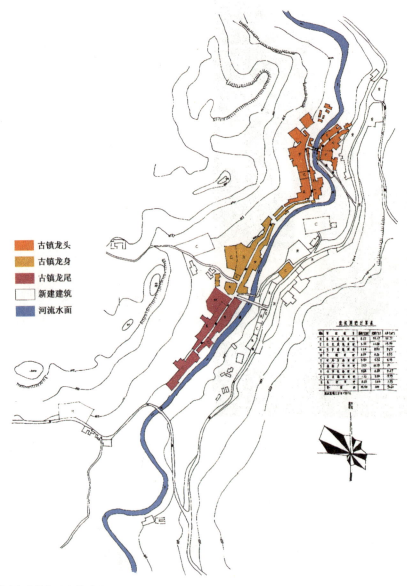

古镇龙头
古镇龙身
古镇龙尾
新建建筑
河流水面

"川中龙镇"形态格局图

四川内江资中罗泉古镇

1. 概况

罗泉古镇位于四川省内江市资中县西北51公里，处于资中、仁寿、威远三县交界处，有"脚踏三县"之说。罗泉古镇是省级历史文化名镇，相传为诸葛亮驻军此地，开挖井泉而得名。古镇形态酷似一条游龙，号称"川中龙镇"。罗泉是四川历史上著名的产盐古镇，并留存下许多与盐业相关的历史遗迹。罗泉古镇历史上随着盐业而兴衰，"始于秦，兴于宋，衰于明，复于清"。清光绪年间（1875—1908）有1500多口盐井。古镇现已无盐，盐业的曾经繁荣可由留存至今的盐神庙为证，这座盐神庙独尊管仲为盐神祭祀，在全国实属罕见。

近代罗泉镇又是一座具有光荣革命传统的城镇。1911年，同盟会召集四川各路哥老会首领在罗泉镇福音堂召开会议，确定起义抗清的行动，揭开了四川保路运动的序幕，在辛亥革命史上具有突出的地位。

罗泉古镇风物特产独特。四周群山出产毛尖茶，石灰岩地质造就

盐神庙内的戏台现为茶馆

盐槽遗址

了品质优良的矿泉水，并使以此制作的豆腐远近闻名。罗泉龙灯工艺精湛，正月耍龙灯是重要的民俗活动。

2. 古镇布局

　　罗泉古镇具有川中小镇的主要

特色，顺应自然，因地制宜。建筑和街道依山傍水，绵延 2.5 公里。城镇空间几经转折收放，形态酷似游龙。分布其间的桥梁、庙宇、祠堂等公共空间形成明显的龙头、龙颈、龙腰和龙尾。

3. 建筑特色

　　古镇至今传统建筑风貌完整，穿斗式的民居建筑极大适应了地形的变化，或紧贴临街，或悬挑临河，集中体现了四川传统民居的建筑特

古镇龙身拐弯处

古镇龙尾处

古镇龙头处

色。古镇曾有九宫一寺八庙，至今存有城隍庙、万寿宫等主要公共建筑，还有子来桥、追远桥、三十二洞桥等多处古桥梁。

古镇街景

4. 保护建议

人口外流，对外交通不便，制约了古镇的全面发展。古镇历史文化遗存丰富，风貌完整，但是传统建筑普遍年久失修。城镇空间不能任其发展，建议尽快编制有效的村镇规划及保护措施。

图文：
林 林　同济大学建筑与城市规划学院博士生
参与调查人员：
丁 枫、吴伟平、李天华、李国华

昭化古城与周边嘉陵江

四川广元昭化古城

1. 概况

253

昭化古城古称"葭萌"，现为省级历史文化名镇，位于四川省广元市西南30公里的嘉陵江、白龙江交汇处。古城历史悠久，自古为蜀道上的重要城邑和驿站，有2300多年的建制历史，至今仍保留着古时风貌。

昭化历史人文景观极为丰富，古城内外现存的文物古迹有明代城门3座，完好的清代民居以及文庙、考棚、龙门书院、武侯祠堂、石板古街、古驿道和明清城墙及众多三国遗址、遗物。城北有鲍三娘墓，东有桔柏渡津，西有费祎墓及葭萌关。还有张飞夜战马超的战胜坝，姜维屯兵拒魏的牛头山，以及牛头山腰的"天雄关"等。

昭化古城一面临江，三面环山，曾为"全蜀咽喉，川北锁钥"。嘉陵江在城东与白龙江汇合，直通古渝州（今重庆），金牛道穿城而过，自古也有水陆码头之称。

昔日的昭化舟船川流不息，车马络绎不绝，既是古驿道上的一处

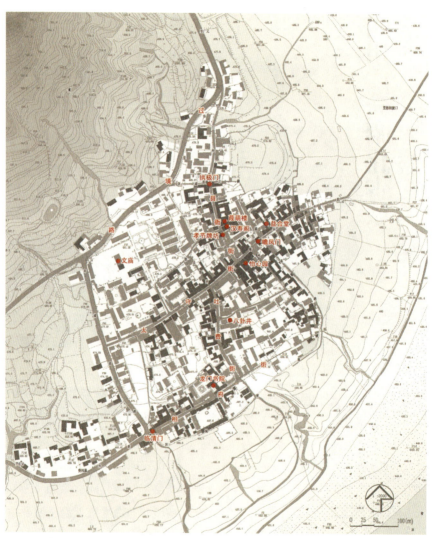

昭化古城布局图

昭化古城平面图

文化已成为当地最为重要的特色。在脍炙人口的《三国演义》中，着墨最多的当属蜀汉之兴衰，而刘备兴蜀的根据地则在葭萌。三国时，刘备据此向西进攻刘璋，夺益州，再向东击败张鲁，取得了汉中，建立了蜀国。此外，蜀汉左将军马超当年曾在这里归降刘备，故有"蜀汉兴，昭化起"之说。

同样有趣的是昭化是蜀汉终结点。蜀汉后期的丞相府即在葭萌，公元253年费祎被魏降人郭循刺杀身亡，安葬于昭化城西门外，费之死实际上代表着蜀汉正在走向灭亡。公元263年邓艾、钟会率兵入蜀，姜维想借剑门天险，死守昭化，保住剑阁，无奈邓艾偷渡阴平而最终灭蜀汉。因此民间又有一说："蜀汉亡，昭化止"。

由于昭化与蜀汉关系太密切了，因此留下了大量的文物古迹和蜀汉传说，城西有费祎墓，土基附近有关索的夫人鲍三娘墓，牛头山上有姜维兵困时孔明显灵的"拜水池"，城内还残存"武侯祠"、"桓侯庙"、"关帝庙"等遗址。

交通要塞，又是易守难攻的战略要地。剑门雄关屹立于城之西北，桔柏古渡扼守着城之东南，故古人称它"虽为弹丸之城，却有金汤之固也"。

昭化是三国文化的重要发源地之一，这里留下了众多的蜀汉遗迹、遗风和民间传说与民俗。三国

256

古城街道与过街亭

街道两侧的特色民居和商铺

2. 古城布局

昭化古城始建于春秋，宋代重建，以后历代都有修葺。其城石砌城墙，民国以后城墙失去防御功能，官府也不再维护，故城垛大多损坏。此城只有 3 道城门，至今完好如故，东门曰"瞻凤"，西门曰"临清"，北门曰"拱极"。

昭化古城至今仍保留着厚重的古城风貌，结构谨严，是四川省内保存较好的一座古代县城城邑，为不规则四边形，略呈圆形。三街五巷均为明代风格，整齐平坦，东、西、北 3 条长街贯穿南、北、西，

5 条小巷穿过半边城。古城街道均系青石铺砌，呈两边低、中间高的瓦背形，中间为引路，代表着严格的封建礼仪等级制。城内民房多是南方风格的木架结构庭院，街两侧多为小青瓦、穿斗木结构川北特色民居；庙宇、官衙、乐场等多雕梁画栋，玲珑而又别致。

3. 建筑特色

古城现存的民居建筑主要可以分为两大类。一类是沿街开店的铺面式民居，为前店后宅或下店上宅式 1 至 2 层木构建筑，开间小而进

文庙大成殿

县衙

深较大，具有商业和居住的复合功
能。另一类是院落式私家宅第，多
为明、清时代所建。其整体风格多
仿当时北京官宦府邸，讲究小巧、
得体、适度，以三进四合院式木结
构穿斗天井为主，大、小天井有

敬侯祠

用条石整齐嵌接而成的走廊互相贯通，以内部庭院的横向、纵向重重构造和独特的木雕风格见长。这类民居雕梁画栋，古色古香，其中尤以怡心园、益合堂等为典范。

4. 保护建议

古城格局相对完整，古时风貌依存，但除少量保存完好的传统建筑外，古城整体的保护状况则不甚理想。为使千年古城重新焕发昔日光彩，必须以古城为依托，深挖其在三国文化内涵方面的品牌优势，将古城保护与旅游发展有机结合起来，使游人在徜徉山水中品味、体悟三国文化和历史。

图文：
李　昕　同济大学建筑与城市规划学院博士
参与调查人员：
包雄伟、孙文清

附：四川广元昭化古城灾后考察

1. 调查背景

2006 年在同济大学国家历史文化名城研究中心阮仪三教授亲自指导下编制完成了《昭化古城修建性详细规划》，昭化当地积极实施了保护规划，在 2007 年 10 月完成古城保护修复一期工程，取得了显著的保护实效，基本恢复了古城历史风貌。同时，古城保护修复二期工程积极推进。而 2008 年"5·12"汶川大地震后，广元元坝区是四川省 12 个重灾区县之一，昭化古城的历史建筑与环境经受了严峻的考验。同济大学国家历史文化名城研究中心在灾后赶赴昭化，调查所见按原样修复的木结构建筑基本完好，经过整修的沿街民居除了屋面受损外都基本完好。重修的城墙新砌筑的城堞垛口全部垮掉，重修的城楼木构主体建筑巍然挺立。而古镇上居民自建的砖混结构建筑则受到严重损毁，有的全部倒塌。这些实况对认识如何抵御地震灾害和灾后历史建筑与环境的修复具有很强的启发意义。

2. 受灾情况调查

（1）中国传统木结构建筑，由于木质坚韧，并用榫卯相接，能抵御地震时的震动。传统建筑的瓦顶是层叠堆铺的，预震时会发出响声，给人们警报可及时逃避。古城里主要建筑和沿街传统民居整修中遵照"修旧如故"的原则，基本采用木结构体系。如重修的城楼就是木结构，地震后除山墙面填充砖墙倒塌外基本完好。古城内主要街道两侧刚完成的街景整治工程，无论是现代建筑

地震前未经修缮的传统建筑

地震后，山墙与屋顶倒塌严重，木结构仍在

重修的城楼建筑仅侧山墙倒塌，木构架无损伤

省级文保建筑考棚，震前已是危房，但震后并未倒塌，显示了传统木结构的抗震能力

未经整治前街景（县衙街）

地震后街景，仅屋瓦坠落，房屋未损（县衙街）

地震前未经整治的土墙及经过修缮的砖墙
与民居（相府街）

地震后，土墙全部倒塌，经修缮的砖墙和
民居基本完好（相府街）

未经整治的沿街建筑（相府街）

整治后的沿街建筑（相府街）

未经整治前街景，中为东城门（东门外街）

未经整治前街景（太守街）

整治后街景（太守街）

未经整治的沿街建筑（太守街）

整治中的沿街建筑（太守街）

整治后街景和重修的东门城楼（东门外街）

264 还是传统建筑，都没有出现大面积倒塌情况，所以古城内人员伤亡情况比较轻，仅受伤9人，其中重伤7人。

（2）原有未经保护修缮的传统建筑，由于本身物质性老化，加之地震强度大，有严重毁损，主要是土墙、砖墙倒塌，屋面塌陷等。经统计，未经修缮的传统建筑屋面损毁75%，木架倾斜变形35%，木柱移位40%，脊饰倒塌损坏40%。

（3）古城内居民自建的砖混结构建筑没有采取防震加固措施的都受到不同程度的毁损，有的已全部倒塌。

（4）古城内有9处省级文物保护单位，地震后主体结构都在，但是建筑构件不同程度受到破坏，如明代的东城门出现石拱券开裂，东西城楼侧山墙全部倒塌，但城楼主体木结构基本无损。

（5）古城基础设施受到较大破坏，通往古城的公路出现路面沉陷和裂缝等情况，水电等基础设施部分损坏。

3. 保护实效

2007年10月，昭化完成了古城保护修复的一期工程，包括城墙城楼的修复，基础设施的入地，主要街巷的街景整治等，基本恢复了原有的历史风貌。昭化古城的保护修复工程实效显著，主要的经验是：

（1）当地政府高度重视、组织有方。区政府把昭化古城保护作为全区重要的发展机遇，集全区人力物力财力，全力以赴，用不到半年的时间高效完成了包括古城墙修复、游客接待中心新建、春秋苑客栈改造、街景立面整治等12项重点建设工程。

（2）坚持正确的保护理念与方法。在工程实施中，始终认真贯彻"修旧如故，以存其真"的保护原则。在实践中综合运用了多种保护整治手法。

（3）实现了历史遗产保护的最大社会效益。由于政府在实施中坚持群众观点，关注民生，街景整治中街巷两侧近300户居民无一需要拆迁。古城居民充分认识到保护将为他们的生活带来更大的益处，因此各项保护工程得到了居民的积极拥护。沿街民居整治主要由居民自行承担费用，并在政府的指导下统一实施。一期工程后，民居纷纷看好古城发展旅游的前景，利用原有的沿街店铺开始经营与古城旅游相关的特色商业服务。经整修后的历史建筑房价有很大的提升，居民得到了最大实惠。

在此基础上，当地政府从 2008 年起进一步推进了古城保护修复的二期工程，包括基础设施建设、文庙县衙城隍庙等公共建筑和重点民居院落的保护修复。

4. 灾后重要启示

中国传统木构架的房屋能抵抗地震灾害，在昭化古城得到了生动的验证，使人们认识到中国古代传统科学技术的卓绝成就。传统木构架用榫卯连结，是可动的铰状结构，地震发生时，可减轻外来的应力。而整个梁架相互拼连，多方面的协力不像砖墙层叠无整体性。传统建筑的墙是不承重的围护结构，所以民间有谚语："墙倒柱不倒，房塌屋不坍。"这些木构建筑不仅有优美的造型，而且千百年来给人们带来了安全感。而今人们却不再建造和使用木结构了，许多旅游景点还用现代的材料、结构去模仿古代木构的样式，这是自欺欺人的行为，必须坚决反对。同时，昭化的实例也提示我们如何传承和延续发展中华优秀的文化遗产。

(受灾统计资料由昭化古城管委会办公室提供)

文：
林　林　同济大学建筑与城市规划学院博士生
图：
林　林、杨　宇

梭坡藏寨

四川甘孜丹巴藏族古村

1. 概况

267

丹巴县位于四川省甘孜州东部，旧时称"诺米意谷"，意思为有美女的地方。甲居、梭坡乡是两个著名的嘉绒藏族聚居区：梭坡乡位于丹巴中心章谷镇东南，以高碉为垂直核心组成了藏寨风貌。甲居位于章谷镇西北，层次分明的藏居水平向点缀于山峦之间。整体而言，丹巴各村寨呈现大散居、小聚居的特征。这样的村寨布局方式，一方面出于藏区农业部落喜居高山的原生心理，与平原汉族迥异，也与游牧藏族相当不同。另一方面更是因为甘孜藏区在历史上曾经是我国西部的"民族走廊"地带，加之复杂的地理环境，需要安全防御，此外也充分考虑到躲避山洪等自然灾害的影响。因此，丹巴一带的传统村寨，地势一般都在海拔2000米以上，下临滔滔金川河，各村寨遥遥相望，村之间基本只有一条道路连接，民居之间及民居与耕地之间则完全以斜坡土路或台阶相连，呈现大散居的特点。各村组成完整

268

金川河畔分布的藏式民居

碉壁上工匠的藏名

的生产生活和防御单元，又有小聚居的特征。

2. 梭坡古碉群布局

石碉建筑在汉代被当地人称之为"邛笼"，是古羌语"房屋"方言的记音。我们选择调研的是莫洛村。莫洛村的道路曲折向上，村中三五步即可遇古木与叠泉。村内的藏居建筑入口一律朝东，建筑南北向布局，很多居民家有高碉。高碉分两种：修建在屋后的高碉与居住的楼房紧邻，属于家用碉，用于储藏、防御匪盗；寨碉与住房不紧邻，在村中处于居高临下的位置，主要是保护村寨的安全。莫洛村最为独特的八角碉位于村落中心部位，为寨碉。

碉楼的主要建筑材料是山石、泥、麻筋、木等。它平面规整，重心偏下，具有良好的抗风、抗震性能，因此才能屹立 1700 年不倒。高碉壁厚坚实，碉门设在离地 1 丈多至 2 丈的高处。碉门矮而小，前还有半米高的台阶，与其说是门不如说是洞，猫腰进入还要费些周折。这样的碉门再配上厚重的木门板，轻易无法进入。即使靠近了高碉，飞石倾下也难以进犯。高碉还有一个特点，在绝大部分的古村落中能工巧匠都是默默无闻的，倒是丹巴古寨，工匠每完成一座高碉便署上大名。在古碉壁侧距离碉顶三五米处赫然有白石砌筑的符号，它就是工匠的藏名，如"确登"、"拥中"等。

高碉是中国少数民族的独创。嘉绒碉楼统率了天际线，不但数量多，而且是以居住建筑为载体出现的。今天看来，碉楼是藏族人民利用传统材料、传统技艺展现智慧的一种演化方式。

八角碉

270

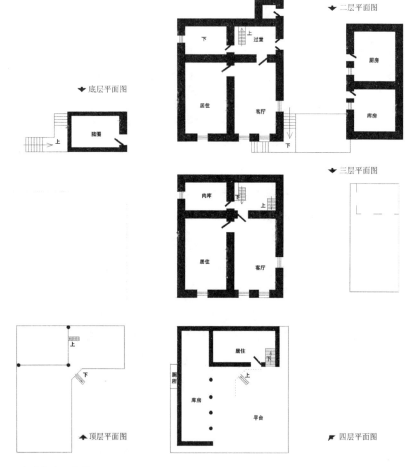

底层平面图

二层平面图

三层平面图

顶层平面图

四层平面图

民居平面示意图

屋顶平台

3. 碉房民居特色

  出丹巴县城沿金川河而上，经
过七八公里的盘山小路后就到达了
甲居藏寨。它前有磅礴的金川河滚
滚流过，面朝日薄山，后依高顶山。
盘山路和金川河的高差达数百米，
山腰和谷底散布着许多藏居，水平
展开，色彩艳丽，在层峦之间闪动。

  平顶式碉房是丹巴分布较广的
一种民居建筑形式，主要根据贫
富、人口、地形来决定房屋的高度
和形式。通常为长方形、"凹"、"凸"

272

和"日"字形等。各层的墙面和室内窗户家具均有艳丽夺目的色彩。藏居层数最常见的是3至4层,底层作畜圈,二层作厨房、库房和住房,三层设经堂、住房、杂物库房等,有四层者则以第三层作住房,最顶楼一般用于储藏,并建有小碉以显示宗教崇拜及社会地位。房前空地作晒坝,也有房顶层与后半部建房、前半部作晒坝的样式。藏家的屋顶分有好几层,功能多样,平时一家人在上面活动,收获季节又可晒放粮食。不同于汉族常见的合院式空间布局,这种平台起到了美化环境、方便生活的作用,又有力补充了村中公共活动场所的匮乏。它另一特点是楼与碉的结合,在普通的平顶式碉房后部再建一四角碉,碉与房相连相通,作为贮藏和安全防卫之用。这个四角碉也成为一户人家的身份标志,大而满则表示家中殷实富足。

嘉绒人信仰的神灵很多,但均无佛像,统一以白石为象征。每户藏家楼顶的四角都各供奉一块白石,谓白石崇拜。虽然在藏寨里似乎每一个角落均有"神灵",仿佛这里的人们还停留在对事物认识的原始阶段,但在千百年的文化演绎过程中,宗教使藏民形成了自己完整的文化体系,伴随着一个民族历史的脚步,穿越了无数个世纪。

4. 保护建议

丹巴一带的村落风貌都保存得相当完整,新建筑较少。村寨河流处于上游地段,河水清澈,水质良好,引人入胜的乡土风貌给人视觉上强烈的冲击。独特悠久的藏族生活习俗、宗教信仰以民居建筑为特殊载体,深刻体现了人们对故土和家乡的眷恋。因此藏寨具有极高的自然生态、建筑美学、民俗学、社会学等研究价值以及民居的使用价值和旅游观光价值。

嘉绒藏居向世界展示了古代劳动者适应环境、勇于创新的智慧,更表现了藏族人民对生活执著追求的精神风貌。鉴于此,政府要尊重民族习惯,注意宣传,重点资助和定期指导经济的建筑维修方式,加强建筑保护。更要对建设项目慎

273

重审批，保护独特的自然与建筑风貌，增强防灾能力。

目前，贫穷依然是困扰嘉绒藏寨的主要因素，但它独特的民俗民风和壮美奇绝的景色表现出非凡的旅游观赏价值。建议推动旅游事业的发展，让方兴未艾的"藏家乐"和丰富的土特产资源及文化价值广为人知。

土产交易

图文：
朱晓明　同济大学建筑与城市规划学院副教授，博士
张　兰　上海同济城市规划设计研究院工程师，硕士
参与调查人员：
金静祺、高　璟、方　斌、王　剑

274

村中有多条支流淌过

四川雅安宝兴硗碛藏族古村

1. 概况

硗碛藏族行政乡建立于1952年，位于四川省雅安市宝兴县北境，北与阿坝藏族羌族自治州的小金县、汶川县毗邻，西与甘孜藏族自治州的康定县为界，东与卧龙自然保护区接壤，是宝兴县行政区域内唯一的高寒民族乡，也是雅安市唯一的藏族乡。

"硗碛"两字本意是多石之地，但当地人读为"瑶姬"，藏语意为山清水秀、延年长寿。可能出于战乱原因，100多年前藏民从穆平，也就是今天的宝兴迁移到这里，历史上受地方土司管辖，现在山中还保留了一些土司村寨的遗迹。1938年红军长征曾在这里留下许多革命遗迹。新中国成立以后，硗碛藏乡享受少数民族政策，在补助金、计划生育、耕地政策上享受一定的优惠条件。藏民以耕地为主要生存手段，同时兼有运输、畜牧、经商等活动，特别是当地的"藏家乐"旅游方兴未艾。数十年来，藏区建筑风貌完整统一，自然环境优美，藏民依然保持了传统的生活生产习俗，但贫富差距悬殊。当地土特产丰富，酥油茶、锅庄馍馍、蜂蜜酒、大白豆等至今是当地人的日常饮食。

2. 古村布局

我们调查的藏族村寨泽根村，距离乡政府 20 多公里。它于 1954 年建村，经济收入主要靠农产品种植和畜牧。

泽根村四周多山多水，村寨主体位于一块相对平坦的空地上。房屋依自然地形走势而建，稍有坡度，道路体系较为散乱。但与许多经过风水堪舆而建的汉族村落相比，仍有许多自己的特色。泽根村中多水，村口的水流速极快，水花飞溅。桥紧贴着水面，木桥跨度有七八米，人与水的关系无比亲密。村中有多条支流淌过，石缝中具有 1 米多落差的地方也有溪水。水的周围有低垂的果木，泽根村就是一座天然的果树林，果木的种类很多。这里也有很多百年以上树龄的古木，它们就像是一位位鹤发童颜

白色塔子

的长者。其实这正反映了硗碛人重视保护自然的传统习俗。

村口是一个小小的集散场地，最显著的是一个白色塔子。塔子又叫"关瓦"，圆形，白色，以印模压制泥胎，经烧制而成，为上尖下大的锥形塔。在硗碛这一带藏区，每年藏历二、三月，春耕之前，人们将造好的小塔放置在村边，祈获丰收。此外，塔子也是人们围绕聚会、欢娱的场所。每到藏历新年、丰收、婚庆等节日，藏民都要自带食品，到塔子旁载歌载舞，通宵达旦地跳当地喜闻乐见的"锅庄舞"。

过了几个锅庄楼就到了村内的小路，基本都是土路或者卵石铺

就，没有车行道。人走起来也要经常爬坡，几乎每爬一次坡就到了一户人家。在坡下仰望一户户藏居及其院落围墙，可清晰看到全貌，房子也显现得更加高大。

3. 建筑特色

村内的建筑多为锅庄楼，是以石块砌墙，以木材为梁架的木石结构建筑。主体建筑为三坡人字悬山顶，山墙上施有单坡檐，部分为平顶，檐口露出不加修饰的木梁。泽根村的建筑具有传统的藏族风格，也吸收了四川木构楼房的一些特征，形成锅庄楼这样一种非常典型的地方建筑。

锅庄楼一般分为 4 层，呈正方形。底层一般用来养家禽，面积大约 40 至 50 平方米；二层为锅庄，即起居室。屋子中间有一长方形的火塘，火塘内安上一个铁三角架，架上放锅，原本是藏民煮饭的地方，现作起居之用，并接待客人，称为"锅庄"。三层供人居住，共 7 间房间；四层是一个小阁楼，用来储粮，叫"财阁"，中间设置

被测绘的民居

锅庄

278

一经堂。通常阁楼是家中重要物品的储存之处，但并不封闭，而是檐口下面开敞，便于通风换气，同时屋檐较深，雨水无法进入。紧贴外墙做一个不到半米的小栅栏，存放粮食，也非常通风。有些人家还在墙外另辟了一个小栅栏，做成封闭的厕所，下通牲畜圈。

建筑外部及细部用土黄、褐、棕红、灰白颜色装饰，充分反映了木、泥、石的天然本色，具有浓郁的民族特色。窗的装饰上除了典型的格子样藏式花纹外，经常可看到汉藏风格的结合体。

这里有一个十分有趣的现象，顶层的经堂是神的居所，中间是人的居住处，底层是牲畜的天地，这与藏传佛教中关于世界的观念不谋而合，一座寨子仿佛就是一个轮回着的世界，令人回味无穷。

4. 保护建议

泽根村建村历史较短，保护相对完整，建筑材料与工艺均继承了传统方式与民族特征，对藏族聚居区的建设具有较高的参考价值。古村的藏民以青壮年为主，男女比例平衡。他们乐观向上，勇于创新，

厕所突出的民居

客厅

储物

储物

厨房

上

过厅

猪圈

一层平面图

二层平面图

居住

居住

肉库

上

经堂

下

居住

多用房

居住

厕所

三层平面图

下

储物

民居平面示意图

既保留了藏民的特点，也容易与他人交融。通过调查，我们发现当地人普遍欢迎传统的藏式锅庄楼，觉得汉族合院式住宅并不适应他们的生产、生活方式。建议在现实生活中进一步注重自然环境的保护和利用，为保持和发展当地独特的生产生活方式提供保证。

图文：
朱晓明　同济大学建筑与城市规划学院副教授，博士
张　兰　上海同济城市规划设计研究院工程师，硕士
参与调查人员：
方　斌、高　璟、金静祺、王　剑

从羌寨看山脚下的黑虎乡

四川阿坝黑虎羌族古村

1. 概况

黑虎羌寨位于四川省阿坝藏族羌族自治州茂县境内。从县城出发，沿九环线向北约27公里便到了黑虎小河与岷江的交汇处，过飞虹桥向山谷深处行，沿途都是悬崖峭壁，河流湍急，约7公里山路后，便到了黑虎乡政府所在地，一处河谷较开敞的坝子上。

黑虎乡内99%为羌族，包括4个村和12个居民组。几乎所有的居民都散居在周围的悬崖峭壁上。所谓居民组就是指自然聚落组团，远远望去，有碉楼的地方就是一个居住点，其中要数葬有黑虎将军的鹰嘴河碉楼群最为著名。

羌族，是我国历史悠久的民族，古称"西戎牧羊人"。数千年的沧桑，大都发展为藏缅语系的各族或先后融合于汉族及其他民族之中。而迁居在岷江上游地区的高山峡谷间的羌人，仍保持着自己民族的文化传统，沿袭至今。羌族为四川省独有民族，他们曾以各种方式进行过多次反抗统治阶级和外来侵略的

282

黑虎小河山谷

依山势而建的羌寨

斗争，他们的历史和他们居住的环境一样充满魅力和神秘感。羌族没有文字，他们世代口传心授的语言，和悠扬的羌笛、羌歌，以及优美的沙朗舞一起在群山和溪谷中回荡。

黑虎寨的羌民和其他羌族一样穿戴自己民族的服饰，但唯独这里妇女的头巾是白色的，并且包裹方式独特，如古代军士的帽子，俗称"万年孝"。据说是为了纪念明末清初的一位率领羌民反抗朝廷镇压的黑虎将军。这些随风飘荡的白巾为本来就很神秘的黑虎寨羌人更增添了几许历史的沧桑感。

2. 古村布局

从黑虎乡政府出发，沿陡峭山坡艰难向上2公里，便是鹰嘴河居民小组，顺着山势，羌民们的碉楼如苍松般植根于悬崖峭壁上。该聚落共有27户居民，全部为羌族。

284 现保存有碉楼 8 座，据当地老人回忆，过去曾有近百座碉楼，大多毁于"文化大革命"和近年来的建设中。站在鹰嘴河的峭壁上向外望，周围山坡上散布着多处聚落，如哨兵般守卫着山谷，每处居民点都建在视线开阔，但地势险要的悬崖上。如此的居住选址虽有悖常理，但据险而安却是羌族文化的一大特色。

散布在周围群山上的其他黑虎寨民居组

鹰嘴河民居组建在山脊上

标准的黑虎寨民居

3. 建筑特色

　　碉楼是古村建筑的特色。碉楼几乎都建造在悬崖峭壁上，石砌的碉楼至今仍是黑虎寨羌人的住宅。主要由两部分组成，一为日常生活使用的碉房，通常为3层，底层圈养牲畜，一层、二层为人居住，室内布局简单，羌民的日常起居都围绕着屋内的火塘展开，无论是自家三餐，还是亲朋小聚或是祭奉火神都离不开它；一为用于防御外来侵略的碉楼，高10至15米，有的碉楼还可单独设置，碉楼内有楼梯。解放后碉楼的防御功能基本消失，很多都被当地村民拆了用来建房，但随着近年来当地旅游业的发展，那些拆了一半的碉楼也得到了保护。

4. 保护建议

　　黑虎羌寨古村具有独特的少数民族和边远山区的历史风貌，汶川大地震后，由于先民们的智慧创造，许多巍峨的碉楼没有遭到严重的损坏，国家救灾的措施使这些羌寨得到有效的修缮。羌寨等珍稀的遗存为国内外民众所知晓，旅游业也逐渐有所开展，但由于交通的阻碍，近年不可能有快速的发展。建议要认真保护好这些原生的历史遗存和历史环境，新建的设施和羌寨原有建筑一定要新旧分开，破损建筑的修缮一定要遵守原真性的原则，应切实地保护好并使之长久地留存。

图文：
丁　枫　同济大学建筑与城市规划学院博士生
参与调查人员：
Crystal Tan、秦　芳

王村古镇景观

湖南湘西永顺王村土家族苗族古镇

1. 概况

287

王村古镇位于湖南省湘西土家族苗族自治州中部，永顺县东南部，与浦市、里耶、茶洞一起号称湘西四大名镇。王村古镇北依武陵源风景名胜区，南邻湘西自治州首府吉首，西临酉水，是湘西的水陆交通重镇，同时也是历史上溪州土司的统治中心和土家历史文化的起源地。王村古镇内土家族约占72%，苗族约占9%，具有丰富的湘西土家族民俗风情和建筑特色。

王村古镇拥有丰富的人文遗产。除了国家重点文物保护单位溪州铜柱，州重点文物保护单位古汉墓群，县重点文物保护单位福音堂、天主堂等，还有44处优秀历史建筑与众多的古树名木、古井、古桥、古围墙、古磨坊等历史遗存。与一般古镇不同的是，王村还同时拥有优美的自然环境，形成了独特的山水古镇。总的说来，王村古镇的保护价值主要体现在古镇格局、地方建筑和自然生态三方面。

288

五里长街

营盘溪

白虎山

青龙山

酉水河

N

王村古镇平面图

古镇流水潺潺

街景

2. 古镇布局

　　王村古镇地势由东北向西南倾斜，南北两侧群山起伏，山势绵延，山间峡谷地带营盘溪自东北流向西南，注入酉水。溪水碧绿，长年不涸，流速湍急，而酉水水面宽阔，波平如镜。王村在历史上作为湘西重要的水运码头而发展繁荣，因此古镇的建筑自营盘溪的酉水入河口开始向内陆绵延。由于受山势影响，古镇建筑集中在营盘溪北岸，平行于营盘溪向东北延伸，形成一条繁荣的街市，号称"五里长街"。老街两侧商铺云集，营盘溪中瀑布跌落，形成了群山之中一街、一河相依并行的古镇主体格局。营盘溪入河口两侧，青龙山、白虎山坐镇南北，7座锥状山头散布在溪流两侧，形成了"龙戏双珠"、"七星伴舞"的独特景观。秀美的自然风光和独特的古镇格局曾吸引著名导演谢晋选择王村作为电影《芙蓉镇》的拍摄基地。

悬吊式吊脚楼之一

290

3. 建筑特色

　　王村古镇内历史建筑多属于传统的土家族建筑；部分建筑受到汉族文化影响，而有汉族民居建筑特征；还有一些受近代建筑影响，具有中西合璧的风格。

　　（1）典型土家族传统建筑

　　土家族建筑一般均建造在较高的石质基础上或者悬挑在木架吊脚上，以保护屋基少受雨水和潮湿的侵袭。同时由于地势影响，土家传统建筑几乎都是"土家吊脚楼"。王村的吊脚楼有三种类型：悬吊式、直撑式和斜撑式。其中以外伸悬挑楼阁的悬吊式居多。除了老街两侧的商业建筑外，几乎所有的土家族传统建筑都喜爱结合地形的高低设置走马廊——一种特殊的外伸悬挑楼阁，楼阁飞檐翘角，点缀在青山绿水之间非常别致。在坡地上或溪河边的建筑，常采用直撑式吊脚楼。在临空或临水一面建筑部分悬挑，以垂柱直接落在坡地上或河中，增加悬挑部分的稳固性。王村古镇滨水建筑户户相连，几乎都采用直撑式吊脚楼，使得沿河景观独具风味，有"千户相倚醉石上"的意境。斜撑式吊脚楼多建于悬崖边或高坎上，采用三角斜撑的方式支撑在建筑下方的悬崖或建筑基础上。

　　典型土家民居的平面布局通常有"一"字形、"L"形与"凹"字形。"L"形与"凹"字形建筑是在"一"字形民居的基础上增设厢房，通常在厢房二层设悬挑的转角回廊——走马廊。大户人家为多进建筑，在建筑的天井上方建构架空屋顶，称为"凤还巢"。

　　（2）融汉族建筑特色的地方建筑

　　由于王村码头是主要的对外贸易口岸，王村老街发展成一条繁华的商业街道。沿街商业建筑受汉族文化的影响尤其明显，封火墙与柜台便是典型汉族商业建筑特征。出于对木构建筑的防火考虑，老街沿街相邻住户均以封火山墙间隔，有"家家马头墙，户户梗杠门"之说。商铺的外部大都有木制商业柜台，柜台外侧有栏杆呈阶梯状由高到低挡住摆在柜台上的货物，通常做工精巧，样式别致。同时在柜台靠近山墙的一端设有一块与房屋沿街墙壁垂直相交的木板，宽与柜台相当，是安置广告招牌的地方。

（3）具西方建筑特色的地方建筑

19世纪末，西方文化开始传入中国，王村古镇的地方建筑也受到了不小的影响。福音堂便是一处典型的教堂式建筑。该建筑采

悬吊式吊脚楼之二

直撑式吊脚楼——张寿芝宅

商铺柜台样式

斜撑式吊脚楼

用砖墙承重，屋顶采用木构桁架，教堂主空间四柱承重，屋顶为四坡顶，上部矗立一方亭式钟楼。教堂侧窗为圆拱窗，具有明显的西式特点。

飞水寨建筑错落有致

4. 保护建议

王村古镇坐落在山谷里，临溪而建，溯溪而上，与山水自然相融。由埠而市，由市而居，进而形成了山、城、水一体的整体化布局。古镇内主要的石板老街道路沿河顺山而成，两侧鱼骨状的尽端支路延伸到山上或水边，形成了顺应自然地形，同时又满足生活需求的生态的古镇道路格局。

在这种生活环境下，王村居民的生产生活方式也充分地适应和利用地形。老街居民的生活特点可以用"半商半农半柜台"来形容。由于土地有限，人们采用集约式的生活方式，沿老街建筑多是前店后宅、下店上宅：南货店、米豆腐店、豆腐作坊、面作坊、织锦作坊……户主把生产商品的作坊，售卖货物的店面与自己的住宅融为一栋建筑，生活方式原生自然。经营农作物的居民自行砌水渠，从营盘溪引水灌溉农田；或者在岸边开设水磨坊、水油坊，利用水力推动石碾进行生产。他们对自然资源充满智慧的使用向人们展示了一种生态的生活概念。

建议保护、延续王村古镇居民顺应环境、利用自然的生态特色，为更多的山区小城镇提供一种合理的发展模式。

图文：
吕　梁　同济大学建筑与城市规划学院硕士生
参与调查人员：
肖建莉、王建波、王　荻、范　利、陈儒龙

294

里耶古镇鸟瞰

湖南湘西里耶土家族古镇

1. 概况

里耶古镇位于湖南省湘西土家族苗族自治州龙山县的南部，地处湘、渝两省交会之地，紧邻酉水河，是龙山县南部通往外界的物资集散地及交通咽喉。里耶是武陵土家族的主要聚居地区。"里耶"为土家语，为"耕耘土地"的意思。里耶古镇自明清以来是商旅往来的繁华市镇，是著名的湘西四大名镇之一。2002 年 6 月在里耶古镇区内发现秦汉古城遗址，出土了 36000 枚秦简，超过我国已出土秦简数量的总和。2002 年 11 月里耶古城遗址（战国至秦汉）成为第五批全国重点文物保护单位。2005 年里耶成为第二批中国历史文化名镇。

里耶古镇位于酉水上游，从远古时期就有人类活动，秦属黔中郡，汉属武陵郡，唐属葛蛮安抚司，明属永顺宣慰使隶湖广土司。以里耶古镇为中心的 3 公里内就分布有溪口新石器遗址、麦茶战国古墓群、大板东汉古城遗址以及魏家寨西汉古城遗址，可见酉水河畔的

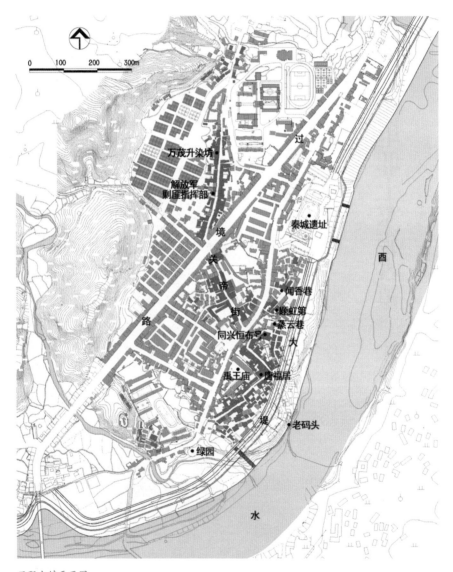

里耶古镇平面图

这片盆地见证了历代人们生活繁衍的足迹。清雍正年间（1723—1735）改土归流后，里耶凭着良好的区位，水运的繁荣，成为联系川湘的主要商埠。

里耶古城遗址南北长 230 米，东西宽 150 米。古城始建于战国时期，沿用至秦汉时期。古城也是临河而建，遗址包括城墙、城壕、井、道路、作坊、官署及居住区等。从大量的出土文物来看，当时人们的生活设施及军事设备已相当完备。遗址内的古井出土了 3 万多枚秦简，被考古学家称为"中华第一井"。其结构奇特，以榫卯结构叠砌，如此结构的先秦古井在我国尚属首见。出土的秦简内容多为官署档案，涉及秦代社会、政治、军事、经济、文化、民族等方面，填补了秦代历史的大段空白。

里耶是土家族聚居的区域，传统文化具有显著的土家族特色，并且这些民风民俗在人们的生活中得以延续，如已列入国家非物质文化遗产名录的土家族梯玛神歌、哭嫁歌、咚咚喹、打溜子、摆手舞、毛古斯舞、土家织锦等。

2. 古镇布局

里耶古镇较完整地保存了从清代至民国繁荣时期的城镇整体风貌。古镇内建筑风格统一，又不乏别具特色的商业建筑类型，体现出湘西商业名镇的特色，有重要的保护价值。古镇格局为七街六巷，石板街面，每条街巷都可直通河码头。街巷命名与功能有关，如蒸云

沿街商业建筑

整治后的老街

298

巷，过去是桐油作坊的集聚地。其他还有菜行街、米行街、埠平街等。

3. 建筑特色

临街建筑体现传统湘西土家风格，沿街多为三开间，前店后宅，两或三进院落。每户之间有清水马头墙分隔，大户人家更是庭院深深的"印子屋"。沿街望去，家家是悬挑屋檐，弧形望板，铺台货柜。历史上镇内公共建筑的设置体现了土汉交融的特色，既有土家的八部庙、婆婆庙、土王祠等，又有汉族的文昌阁、万寿宫、禹王宫、关帝宫等，可惜如今仅存婆婆庙及禹王宫遗址。

4. 保护建议

由于酉水下游兴建水电站，酉水河已失去航运功能，里耶古镇的水运枢纽地位已经丧失，使其成为偏远县的偏远小镇，历史上的区位优势成为今天的发展劣势；酉水河大坝的建立，使历史上古镇紧邻酉水的亲水关系被完全割裂，原有的码头也不复存在，极大地

清水码头墙是古镇建筑一大特色

每户堂中都供奉"天地国亲师"牌位

有待修缮的沿街传统建筑

破坏了酉水商埠的风貌；古镇周边现状自然环境良好，但是与里耶一水之隔的对岸城镇属于另外的县域，行政区划的限制，使其无法对不断变化的周边环境进行有效的控制。这些问题也是保护规划中应该特别注意的。

2006 年里耶古镇已完成古镇详细规划设计，开始逐步实施主要街景的保护与整治，但是龙山县是湘西的贫困县，严重缺乏保护的资金。建议加强保护资金的投入。

图文：
林　林　同济大学建筑与城市规划学院博士生
参与调查人员：
李　嘉、鲁文崭、马冬峰、程　潜、王晏清、郭崇文、金　鑫、殷辉礼

沙溪古镇鸟瞰

云南剑川沙溪白族古镇

1. 概况

沙溪古镇位于云南省剑川县西南部，地处金沙江、澜沧江、怒江三江并流自然保护区东南部，位于大理风景名胜区与丽江古城之间。春秋战国时期，就有人类在此居住。沙溪的起源与发展应该在唐朝以前。在公元前 400 多年就掌握了较高的青铜冶炼技术，形成了以黑穗江为中心的青铜制作冶炼基地。到了南诏、大理国时期（相当于唐宋时期），经济的发展推动了沙登箐、石钟山石窟的雕制，从而给沙溪带来众多的人口和较先进的生产技术，为沙溪的发展提供了重要的物质条件。

古镇也是茶马古道中重要的驿站。茶马古道是中国对外交流三大古通道——西南丝绸之路、北方丝绸之路、海上丝绸之路外的又一条大通道。它形成于何时，今人难以确考，但到唐宋时期，已是中国西部一条南北大通道却是事实。它是经过云南、四川和西藏的贸易通道，交易的运输过

沙溪古镇历史建筑分布图

程主要通过马帮，其主要交易对象
是马帮驮运茶、盐，贩茶换马等，
故世人称为"茶马古道"，而沙溪
古镇正是旅途中的集市，近代公路
出现后这些古道有的就蜕化了。

2. 街巷格局

2001 年 10 月 11 日，世界纪
念性建筑保护基金会在美国纽约
宣布：中国云南省剑川县沙溪镇
寺登街区域入选 2002 年世界纪念
性建筑遗产保护名录。

寺登街是一个集寺庙、古戏
台、商铺、马店、红砂石板街面、
百年古树、古巷道、寨门于一身，
保存最完整的千年古集市，被世
界纪念性建筑基金会专家们誉为
"茶马古道上唯一幸存的古集市"。

寺登街历史上称为"南塘"，
明朝后期因兴教寺而起名"寺登
街"。寺，指兴教寺；登，是白族语，
意思是"地方"。寺登街共有 3
门——东寨门、南寨门、北寨门，
现 3 门尚存。西边紧靠鳌峰山而
无寨门。寺登现有 3 条古巷为"街
子巷"，基本上完整地保存下来。

303

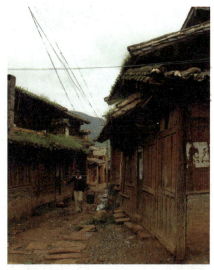

街巷之一

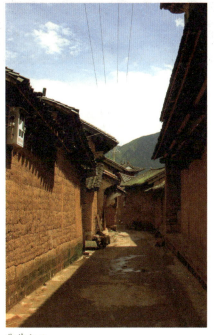

街巷之二

街巷之三

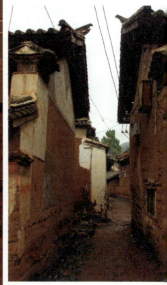

街巷之四

狭长巷道的尽头，是寺登街的商贸中心——四方街。四方街是呈曲尺形的广场，正街南北长约300米，东西宽约100米，其中北部街东西长约100米，南北宽约50米，整个街面用红砂石板铺筑，街中心有2棵数百年的古槐树。四方街东面有坐东朝西的古戏台，西面有坐西朝东的兴教寺，两者遥相呼应，将四方街平分为南北两半。整个街场四周商铺、马店林立，3条古巷道延伸到古镇的腹地。

3. 建筑特色

四方街及古巷道的前商铺后马店，均是2层木构建筑，底层临街、临巷的房子做成商铺，马店供南来北往的马帮、客商住宿、存货、存放马匹。

四方街上最有特色的建筑是古戏台，位于街区东面，与西面兴教寺成一中轴线。古戏台前为戏台，后为高3层的魁星阁，背面为照壁式建筑。整个建筑结构精巧，挑檐叠角，双层起翘共有12个，层层叠叠，翼然若飞。魁星阁各层有不同时期题写的横匾、对联。

位于寺登四方街正中西侧的是集儒教、佛教于一身的兴教寺，坐西朝东，与四方街东面的古戏台遥相呼应。兴教寺为一进三院建筑，即寺门（已毁）——外院——观音楼（已毁）——内院——二殿——大院（即正院）——大殿，寺门、观音楼、二殿、大殿建成一中轴线，在各院落两边古时曾散建僧侣住房（已毁）。兴教寺现存2座殿宇，主体结构维持原貌，已有580多年的历史。1987年云南省人民政府将兴教寺列入省级重点文物保护单位。

传统民居院落门头楼

院落入口石狮雕塑憨态

306

在沙溪寺登街内部，居住性的历史建筑主要分布在支巷之中。它们和商业性的马店建筑格局有着明显差别。其主要特点是，分为三房一照壁和四合五天井，为白族民居所特有。这里的白族民居院落一般都与街巷垂直，也有些按风水开斜门的做法。

4. 保护建议

沙溪古镇已列为云南历史文化名镇并已有国际组织按保护规划逐步进行修缮，取得很好的效

传统民居窗体细部

兴教寺四方街戏台

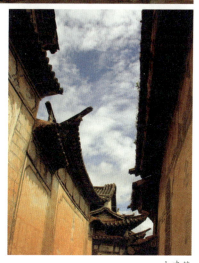

古建筑

果。因处于交通不便的山区，游客甚少，对其经济发展促进较少，建议加强宣传，提高外界知名度。近年来剑川又发现大片古代木构房屋群落遗迹，规模宏大，出土众多文物，较好地促进了旅游事业的发展。

图文：
李文墨 同济大学建筑与城市规划学院硕士生
参与调查人员：
苗 阳、刘 芳、袁 菲

308

云南驿鸟瞰图

云南大理云南驿白族古村

1. 概况

"云南"一名得于"彩云南现"传说。据《南诏野史》汉武帝倚栏见彩云南现,遂派人南下寻彩云升起之处,至云南驿,终见彩云南现于龙兴和山,因此该地取名为"云南"。因此说"云南"一名的起源,来自云南驿,为"云南之源"。

汉元封二年(前109)置云南县,云南驿为其境内最早的县治驻地。元和元年(806)至元宪宗五年(1255),云南驿一直是南诏国及大理诸国的云南赕(赕,音 dǎn,义为"奉献"[傣],这里指少数民族地区行政级别的一种)治驻地。至明洪武十七年(1384)云南县治由云南驿迁往洱海卫城南(今祥城),才结束了云南驿作为县、郡、州、

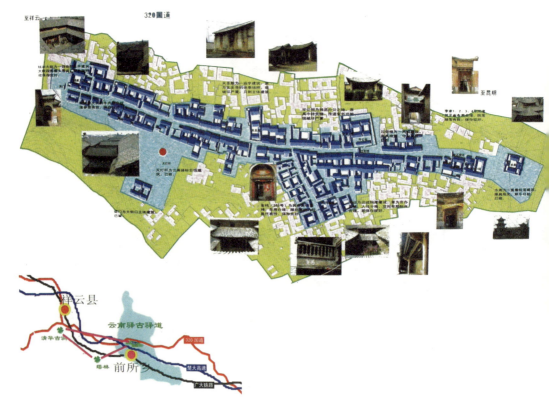

云南驿现状景观分析图

赕驻地长达 1493 年的历史。弘治二年 (1489) 作为博南道上的交通驿站设过土驿丞。经清、民国至 2001 年升为云南驿镇，云南驿为其下辖的行政村。

　　古村位于祥云县云南驿镇，祥云县则位于云南省中部偏西北，大理白族自治州东部边缘。古代匠师们善于审察地理形势，利用自然环境，依山就势，因地制宜，建造了古朴秀丽、富有强烈的民族特色和浓郁的地方特点的高原古镇。云南驿古村就建于白马寺山脚，前为广阔无垠的稻田，后为茂密的山林，攀上山顶，整个坝子一览无余。古村以种植业为主，主产包谷、烤烟、小麦、蚕豆。古村主要由建国路、彩云路和凤仪路等街区和关圣殿、岑公祠、官办马店、钱家大院、高级客栈等历史建筑组成。现大部分建筑保护完好。

　　2000 多年前，"西南丝绸之路"古道从四川经云南通西域，云南驿是这条古道的必经之地。在国内段数千公里，像云南驿这样保存如此完好的驿站，在"西南丝绸之路"

马帮驿站（官办）

马帮客栈（民办）

上绝无仅有。驿站鼎盛时，官办的、民办的、奢华的、简陋的马店拥挤在狭小的街道两旁，落脚的马帮一天达千余驮。

街景之一

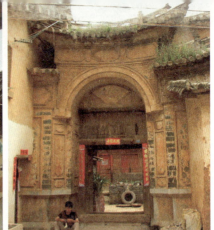

白族居民门楼

街景之二

2. 街巷格局

　　云南驿街区是一条古驿道，横亘全境。东段有青石牌坊、水阁、广场，紧挨着就是李家大院的客栈，用来迎接远道而来的马帮。中段有过街楼、马店、岑公祠、关圣殿等，间有大宅官邸，是驿街最为兴盛的地段，当有大队马帮到达，或逢节日喜庆，人喊马嘶，一派喧闹景象。西段分布着多家马店，尽头是钱家大院，其进口凹隐在小巷之内，封闭的院墙，门户紧闭，是接待贵客和富商的客栈。

白族民居建筑屋脊细部

传统小巷之一

传统小巷之二

白族民居门头 白族民居院落内部的六扇门

3. 建筑特色

云南驿的建筑多为木构、木柱、木屋架、瓦屋顶，屋墙下用石为基，上为黄泥板筑，也有泥块垒作，用以遮风雨，不承屋重。沿街底层的腰檐，出檐较深，下设台柜开设店铺。建筑型制简朴、粗重，较少装饰。

建筑风格有大理白族民居的痕迹，但又不同于大理白族民居，其风格更接近同时期的中原建筑。如照壁被广泛使用，但布局没有白族民居"三房一照壁"的固定形式，红土墙面也不同于白族的白墙。其建筑布局注重功能的需要而布置，形式较为自由，功能更为合理，如客栈、马店、岑公祠、关圣殿、水阁等视其功能不同而布局形式各异，有"四合一天井"、"四合五天井"、"二进院"、"三进院"等多种形式。

建筑柱础形式

在其他驿站因社会变迁和功能转化而抹去了昔日文化痕迹的情况下，保存完好的云南驿显得尤为珍贵。

云南驿古村历史风貌基本上能完整保留，但部分历史建筑已受到自然、人为的破坏，应提高有关部门对云南驿历史文化资源的认识，重视古建（构）筑物的维修，加强消防设施，同时，制订科学的历史保护规划，整治、解决街区环境条件较差问题。

4. 保护建议

云南驿作为历史上"马帮经济"、"马帮文化"的集中凸现区和折射点，已有1230余年的历史，

图文：
苗 阳 同济大学建筑与城市规划学院博士生
参与调查人员：
刘 芳、袁 菲、李文墨

巍山古城鸟瞰之一

云南大理巍山彝族回族古城

1. 概况

巍山古城位于云南大理州彝族回族自治县，为国家第三批历史文化名城。巍山古城地处横断山脉深处，哀牢山和无量山在这里交会。古城历史悠久，自公元前109年始，即为滇西北地区的政治经济文化中心之一。唐朝时期彝族先民在巍山建立了辉煌的南诏王朝，在大理国时亦是首邑之地。明清时期是我国西南边陲的重镇，是云南连接四川、贵州和缅甸、印度等茶马古道及古丝绸之路的重要据点，具有丰厚的历史文化遗存。

2. 古城布局

巍山古城北面为府城，围绕左氏土知府而建，以日升街、月华街为骨架；南面为卫城，为明洪武年间（1368—1398）所建。古城内至今保存着完好的城市历史格局，呈棋盘式布局，主要以东、西、南、北街为骨架。古城墙建于明代，有四门五楼。五楼现存城中心的星拱楼和北门拱辰楼，北门古城楼依然

巍山古城鸟瞰之二

北街街景

高耸在二丈多高的砖石城墙上，雄
伟壮丽。

巍山古城内目前共有 2 处省级
文物保护单位、2 处州级文物保护
单位及 21 处县级文物保护单位。
如拱辰楼、玉皇阁、文华书院、等
觉寺双塔、文庙等，都具有较高的
文物保护价值。

星拱楼

拱辰楼

3. 建筑特色

　　巍山古城内的民居建筑，多采用"三房一照壁"、"四合五天井"、"窨阁楼"等式样，建筑手法和建筑语汇异常丰富。典型做法为东、西耳房，厅房同南面的主照壁构成南院"三房一照壁"；主房，东、

玉皇阁

文庙

西厢房，厅房，漏阁，大门和角楼，一起构成北院"四合五天井"。建筑主要为土木结构，往往以石材为基础，出土部分为条石对缝，然后在基础上筑土墙作为围护结构，木架为承重结构。

4. 保护建议

巍山古城是位于云南省的国家历史文化名城，历史上是滇西北高原的要冲，也是多民族杂居地，拥有丰富多彩而又独具特色的历史文化遗存。古城的文化价值体现在：

（1）南诏根源所在

唐初洱海地区皮罗阁统一六诏建立南诏政权，共传王位13代（历时253年），是唐朝时期我国西南边陲由彝族先民建立的强大的多民族政权，也是云南先民创造的最辉煌的古文明。巍山是南诏国的发祥地，至今遍布巍山的供奉南诏始祖的土祖庙吸引了全国彝族同胞来祭祖寻根，其延绵至今形成的彝族民俗风情也独具特色。

（2）多民族共融的文化氛围

巍山古城历史悠久，也是民族迁徙融合之地，自春秋战国时期古老的"百濮"部落，到东汉时期的"古哀牢国"，到南诏国大理国，再到明清时期，众多历史的演变因素使得古城成为彝族、回族、汉族、白族、苗族、傈僳族等多民族杂居地。

刘家宅院

南熏桥

在历史发展的长河中，各民族相互影响，相互融合，共同创造了巍山灿烂的文化。多民族的文化融合是巍山文化的核心特色，体现在歌舞、戏剧、曲艺、宗教、节庆、婚俗、传统礼仪、服饰、工艺品、建筑、街区、饮食等各个方面。

（3）历史遗存丰厚的府卫双城

巍山古城北部为府城，由彝族左氏土知府于明初围绕土知府建立，而后在其南面建立了巍山卫城。

长春洞大殿

巍山卫城始建于明初，整座卫城目前仍然保持了600年前建城时的棋盘式格局，城内房屋基本上保持了明清时期的建筑样式和风貌，大量具有民族特色和精湛工艺的古建筑，包括拱辰楼、文庙、玉皇阁、文华书院等和数量众多的居民住宅都较好地保存了下来，具有非常浓郁的古城风貌。其古城整体格局及留存古建筑之多、之完善，其历史文化遗产蕴藏之丰厚，即使在全国范围来讲，也是非常难得的。

蒙阳公园内景

（4）茶马古道和西南丝绸之路的要冲

田园风光

  巍山古城是滇西北的重要贸易集散地和重要通道节点。据文献记载，秦汉时期关中、四川和云南与缅甸之间"栈道千里，无所不通"，商人来往于途，络绎不绝。这条古道进入滇西后必经巍山。历史上，巍山由于地理位置及府城所在，商业贸易发达，是茶马古道上的商业、文化中心之一。

  巍山古城的风貌尚好，具有巨大的发展潜力，但是目前古城也存在着一些诸如交通设施落后、文物古迹保护不善、古城旅游发展滞后等问题。因此，需要编制一个高质量、高起点的保护规划，来切实保护好巍山的历史文化遗产，并在此基础上统筹安排各项建设项目，以促进巍山古城的保护更新和协调发展。

图文：
顾晓伟　同济大学国家历史文化名城研究中心，博士
周海东　同济大学国家历史文化名城研究中心规划师

322

东莲花古村落鸟瞰

云南巍山东莲花彝族回族古村

1. 概况

东莲花村位于巍山彝族回族自治县东北部，坐落在有"红河源头第一镇"美称的永建镇的坝子中央。东莲花村是云南茶马古道的重要节点，曾是马帮锅头聚居地，因此曾有大量物资钱币囤积，一度经济繁荣，盖了不少令人叹为观止的精美建筑、庄园等。明代旅行家徐霞客就曾在《游滇日记》中记录了当时的富庶景象。村庄虽经历了明、清鼎革，杜文秀反清起义兵火，民国中后期匪患等，但是古村的格局和大多数建筑还是留存了下来。

东莲花村周围有汉族村庄，周

324

村庄远景

清真寺

边还有彝族村庄、白族村庄等，东莲花村形成聚落至今的 500 年间，各民族一直互相帮助，互敬互爱，和睦相处，是回族与其他各民族和谐共处的历史见证之一。

东莲花村回族全民信奉伊斯兰教，伊斯兰教的教义、理论等对东莲花村村民具有极深刻的影响，至今还完整保留着穆斯林居民生活的古老风俗，精通古波斯文、阿拉伯文的人比比皆是。村民宗教生活严谨，经堂教育兴盛，宗教人才辈出，素有"小麦加"之称。回民崇尚清净，整个村庄环境雅静，民居室内外干净整洁。其节日庆典（如古尔邦节、盖德尔夜、尔德节、亡人节等）、传统礼仪、民族服饰、饮食文化与民族工艺等都遵循穆斯林的传统，富有特色。

街巷之一

2. 古村布局

　　村庄总用地 5.5 公顷，永建镇内的村间公路由东向西穿过古村。南北各有一条村间道路通向邻村，村内古巷道宽 4.2 米，以清真寺为中心，构成方形的内环，连通公路及村间道路，形成方正的村庄内核和东、西、南、北 4 块放射状外缘。村庄的平面形状，犹如旋转的风车。古清真寺雄踞村落中央，高耸的楼阁成为全村的标志，寺前的广场是村民聚会的场所。

街巷之二

马家大院

3. 建筑特色

  东莲花村至今完好保存着建于清代的 5 座角楼及具有"三房一照壁"、"四合五天井"、"窜阁楼"等式样特点的古民居群。村内的古民居不但数量多，保存完好，而且各具特色。村内古民居大多采用"六合同春"的布局，东、西耳房，厅房同南面的主照壁构成南院"三房一照壁"；主房，东、西厢房，厅房，漏阁，大门和角楼，一起构成北院"四合五天井"。这些古民居中，又以马家建筑最具特色，如马如骥

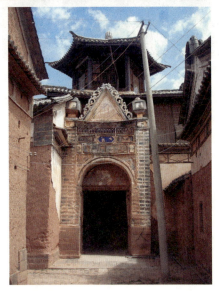

马如清宅角楼

古民居

宅、马如骐宅、马如清宅等。

　　东莲花村的建筑，包括多种做法，建筑手法和建筑语汇异常丰富。建筑主要为土木结构，往往以石材为基础，出土部分为五面石对缝，然后在基础上筑土墙作为围护结构，木架为承重结构。东莲花村回族民居外观上最大特点就是出阁架斗，雕梁画栋，木工讲究精细，最显眼的是门额头和过梁头上雕饰的经文匾额和虎头、凤、龙、花等图案，富有中国穆斯林特色风味。

马如骥宅角楼

4. 保护建议

　　东莲花村是纯粹的回族自然
村，也是整个大理地区回族传统文
化最为丰富，民风最为古朴，民俗
最为多姿多彩，传统底蕴最为淳厚

村内池塘

的穆斯林社区之一。

东莲花村在占地不大的村落里完好保存了街巷格局、清真寺和古民居群，其建筑不仅造型优美，且彼此相互呼应，生动地记录了云南西南地区回族在不同时期的发展历程，在宗教、古建筑、饮食、风情习俗等方面保存着丰富浓厚的传统文化，具有较高的艺术、科学、文化价值。

目前古村落的保护尚处于村民自发的保护状态，有的建筑在修缮方法和使用性质上存在着偏差，政府在保护工作上缺乏具体的规划指导等。鉴于此，建议尽快制订保护规划与相关的管理办法，重点资助和定期指导村民采用正确的建筑维修方式，加强环境整治和建筑保护力度。同时建议加强宣传，增强村民的保护意识，切实保护好民族文化遗存。

图文：
顾晓伟 同济大学国家历史文化名城研究中心，博士
柴伟中 同济大学国家历史文化名城研究中心规划师

东弄古村鸟瞰

浙江景宁东弄畲族古村

1. 概况

畲族是一个居住在山上以农业为主的民族。起源于广东潮州凤凰山，后迁居福建、江西、浙江。景宁是畲族迁移浙江生息最早的地区之一。据景宁《唐朝元皇南泉山迁居建造惠明寺报税开垦》记载，畲民最早迁入景宁的一支是在唐永泰二年（766），也是畲民由闽徙浙的最早一支。宋、元、明、清时期，畲民从闽东、闽北大量入迁浙西、浙西南，有些畲民直至清中晚期才定居下来，距今不过几百年。

东弄，是一个典型的畲族村落，位于浙江省景宁县城东南6公里的敕木山东峡谷。因为谷深如弄，故得名"东弄"。由于当地气候温暖湿润，雨量充沛，"九山半水半分田"的地貌特征造就其成为一个有着民族特色的亚热带山地建筑风貌的村落。

畲族的村落多数分布在远离公路和行政村的山区或半山区的山脚围弯、山腰的坞壑凹地或丘陵中的小谷地，以躲避东南沿海风暴的侵

畬族妇女

民居入口处

害。由于过去对畬族少有文字记载，东弄古村的历史已难以确切考证，但从村中宗庙主梁板上的记录估算，东弄古村大约在清乾隆初年（1736）便已经形成规模。

2. 古村布局

　　畬民的迁徙往往是远离密集的汉族村落，向人烟稀少的山区寻找一块落脚之处，从而镶嵌于汉族村落之间，形成"大分散，小聚居"的分布格局。如所有畬民一样，东弄古村村民惜田如金，略微平坦的土地就砌成梯田，房屋便随着田边山势寻隙而建。村落民居呈现错落布局，道路蜿蜒曲折，没有定式的山石堆砌的道路，在阡陌纵横间甚至矮处人家的后墙顶，都成了村民穿梭的小径。

　　东弄古村的民居建筑基本坐落于同一坡坳，依山纵向层叠错落。主要干道是青石板铺成的蜿蜒而上的小路，其他小路基本是碎石铺就，谷中一条潺潺下流的溪水贯穿全村。村落中没有明显的街道设置，究其原因：一是居住的山地地形缺乏大面积的平整地基；二是珍惜寸土确保农垦；三是畬民长期在山间劳作，习惯山地行走；四是畬族没

民居前的菜园

有商业行为，故而无须临街设铺。

畲族民居重视风水择地，但不讲究朝向，看重农田的日照和水流灌溉，家居布局常以附属性建筑物或自然景物来营造居住环境。在村庄周围凡有条件或不影响农作物日照的后山与村边，常植松、柏、杉等长绿乔木或枫、乌桕等落叶阔叶林。村边植有毛竹、乌桂林和油茶树等食用经济林木，使整个村庄处于"竹树环抱，常年翠秀"的优美环境之中，景致极好。

3. 建筑特色

从建筑形制角度看，东弄古村多为封闭式的院落建筑。由于房屋大小一般根据所得材料尺寸起建，建筑因此而没有特定的模式，大小开间也各不相同，只是在每户中追求左右对称的格局。东弄保存较好的蓝宅中无论结构还是装饰，多数都依照着江南汉族的形制而建。畲族也有着汉族一般的风水概念，正门的朝向要按照主人的八字测定，因此各户人家门的开口都不尽相

334

民居建筑内院

同。内部多以穿斗木结构，两层三进五间为标准样式。第一进是厅堂和住间，俗称"轩间"，作家庭婚宴祭祀、日常劳作之用。左右两间分别是公用暖阁和卧室，为了躲避山风一般只对天井开窗。穿过厅后的门，就是实用性强的半开敞厨房，畲家的厨房功能布局合理，具有采光通风好等特点。由于畲民生活用水主要依靠引入山溪和聚集雨水，没有公用的井、池。每户居民的后墙角都备一小段水溪，畲民有在水溪里养鱼种花的民族习俗，这是将功能与环境相结合的典范。居室的交通要道一般设于正壁背面，直跑楼梯通向二层，面积相对较大的住宅楼梯则设于左右两侧。二楼平面布局与一楼相同，正壁前设置神位

民居建筑细部

以供祭祀，主要是用来储存生产工具与风干农作物之用，站在楼上极目远眺，满山的茶树和绵延的群山尽收眼底。

在强大的祖灵观念影响下，畲民普遍认为"物本乎天，人本乎祖"，以崇拜祖先为延续维系宗族体系的精神支柱。东弄全村同祖蓝姓，与村落遥相对应的蓝氏家族宗祠建于清道光年间（1821—1850），是遇到重大的节庆或商议大事时全村聚集之地。东弄建筑装饰基本以横梁和柁墩采用阴刻手法，牛腿和雀替则是双面透雕为主，雕工精美，内容涉及龙凤、蝙蝠、莲花等，多以吉祥如意、祈求平安取意，与汉族相似。

4. 保护建议　　　　**335**

敕木山周围是畲族群居的主要地域，又有着江南极为珍贵的山地风光，是景宁畲族自治县计划开放旅游的中心。东弄古村悠久的历史，纯粹的民族构成和优美的山水环境，都是吸引越来越多的游客的亮点。与此同时，更应注重对古村历史风貌的保护，注重对古建筑的修缮和维护。

图文：

汪　梅　同济大学建筑与城市规划学院副教授

彭家寨的黄昏

湖北宣恩彭家寨土家族古村

1. 概况

彭家寨古村位于湖北省宣恩县沙道沟集镇南部，属武陵地区。彭家寨村民大多数由湖南怀化顺酉水迁徙至此，酉水被誉为土家人的母亲河，而这一流域也是吊脚楼分布最密集的地段，自古是土家族重要的商运通道，大量的盐、木材、桐油、生漆由此运至洞庭湖再进入长江，特别是明清两代，大量湖南移民顺这条水运商道进入鄂西谋生。

彭家寨吊脚楼群全景

龙潭河边的吊脚楼群

盐运老街

2. 村寨布局

　　寨子位于"观音座莲"之右，观音山之下，依山而起，环山而建，东面以一条"叉几沟"为界；寨前龙潭河穿村而过，常年河水清澈见底，河上架有长40余米、宽0.8米的铁索木板桥与外界相连；寨子后面，奇峰迭起，修竹婆娑；沿龙潭河而上又有狮子岩、水鸿庙相映衬，与顺流而下紧邻的汪家寨有"二龙戏珠"之美称。站在彭家寨对岸远眺，这个精美的吊脚楼群展现着它的艺术魅力。寨子前后，10多个飞檐翘角的龛子环着山腰依次排开，雕龙浅饰，"钩心斗角"，一派古色古香。深入其间，会发现龛子下面的空间有的被用作通道，有的被用作仓储，还有的被用作牛栏猪圈。寨子里大多台阶、院坝等都用青石板铺设而成，清洁异常，楼房内部及院坝间的空地都极为通风，闻不到牛栏猪圈的恶臭，即使夏天也能干爽荫凉，很好地适应了鄂西地区夏季潮湿闷热的气候特点。

龛子屋

3. 建筑特色

  彭家寨房屋大多坐西北朝东南，每栋自成体系，面积几十到几百平方米不等，由"座子屋"和"龛子屋"组成。"座子屋"为正屋，大多一明两暗三开间。"龛子屋"为厢房，又叫"楼子屋"，是吊脚形式，有的用上下两层龛子相围，形成3层空间，底层或用于村落小道，或用于圈养牲畜。台阶、

龛子下的牲口圈

石阶

340 院坝、道路铺以青石板，顺山势往后层层高起，石阶巷道窄小，纵向深远，顶部往往有屋檐深挑，可以遮阳避雨。

　　"座子屋"由干栏式演变而来，在彭家寨，干栏式与井院式建筑的结合面形成多种形式。20余栋房屋共有6种吊脚楼形态，有：单吊式、双吊式、二层吊式、三层吊式、平地起吊式、"一"字吊式。

　　单栋吊脚楼最为普遍，属木结构穿斗式，由柱、骑、梁、枋、檩组成骨架。柱下垫柱礅，檩上覆椽皮和布瓦。将柱和骑筒用枋纵"串联"组成立帖，当地人把立帖称为"排扇"。两排扇用枋穿斗，柱间装木质板壁，按需要组成各种大小不同的空间。

院坝

　　"座子屋"一般为两层，底层中间一间为堂屋，后壁设神龛，供奉神仙和逝去的祖先。堂屋大门为对子门或六合门，二楼楼枕枋上不装板壁，显得高大亮堂。立帖的下半段相邻两柱间装轻薄的木板，木柱暴露于外，主人在重大事务和年节时贴上大红对子。

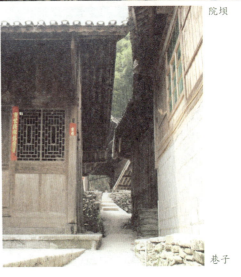

巷子

六合门

堂屋两边的房屋一分为二，后间为长者的卧室，前间设火塘屋。火对于土家族人的生存具有重大意义，房屋建成入住前，一般都要"请火"。长方形的炕架挂在楼枕枋上悬挂于火塘上方，美味的土家腊肉就是在这炕架上熏制出来的。炕架上挂伸缩自如的炕钩，火塘上架铁铸"三角"，上放双耳带系的鼎罐烹煮食物。土家人的火坑上不设烟囱，烟自然升起，既熏烤了悬挂的腊肉，也使屋顶木构架罩上一层烟灰，起到防腐防蛀的作用。

后山鸟瞰

4. 保护建议

彭家寨充分展现了土家族的建造水平。吊脚楼群除具有良好的实用功能外，还充分融于自然，以它别致、优美的形体点缀了自然之美，具有极高的欣赏价值与保护价值。同时，彭家寨也为世人提供了土家族生活的最原真版本。古村民俗事项丰富，古朴生动，被定为省级非物质文化遗产名录的有"宣恩耍耍"、"薅草锣鼓"、"土家八宝铜铃舞"等，它们和土家族的婚丧嫁娶、信仰、风俗一起，构成了土家族生活的真实画卷，是武陵深处没有被"扰乱"的一片净土。建议继续完善对吊脚楼群的保护，保留土家族原有生活风貌。

图文：

赵　逵　华中科技大学建筑与城市规划学院副教授
丁　援　同济大学国家历史文化名城研究中心，博士
万　敏　华中科技大学建筑与城市规划学院教授

北营古村鸟瞰

山东德州苏禄王墓及北营守陵古村

1. 概况

苏禄王墓坐落于山东省德州市北区的北营古村，为重点文物保护单位。苏禄王墓建于明永乐十五年（1417），是古苏禄国东王巴都葛叭哈喇的墓地。墓基坐北朝南，是一个占地约0.3公顷的高台。

古苏禄国位于菲律宾苏禄群岛上，是一个信奉伊斯兰教的酋长国，国内分为东王、西王、峒王三家王侯，以东王为尊。明永乐十五年，古苏禄国国王——东王巴都葛叭哈喇、西王麻哈喇叱葛麻丁、峒王巴都葛叭喇卜率领家眷前来中国进行友好访问，受到明永乐皇帝（明成祖朱棣）的隆重接待。后三王乘船沿京杭大运河南下回国，东王在归国途中，不幸遭疾，于同年九月十三日病故于德州。永乐皇帝闻讣，遂派礼部郎中，以王礼厚葬。东王长子都马含率众回国继承王位，王妃葛木宁及次子温哈喇、三子安都鲁和侍从10余人留居德州守墓。永乐十六年秋，永乐帝又亲撰文，命勒石庙廷，"以垂永久"。东王

明朝建筑
民国建筑
1950-1960 年代建筑
1980 年代建筑
2000 年后建筑

北营古村各建筑年代分析图

苏禄王墓

妃及二位王子逝世后，分别安葬在墓院东南隅。清雍正九年（1731），根据东王后裔入籍中国的请求，折奏清廷，题定以温、安二姓入籍中国，成为中华民族大家庭中的一员。东王后裔迄今已传至 21 代。1980年菲律宾驻华大使雷耶斯博士专程来德州瞻仰东王墓，并会见东王后裔。1986 年中菲两国又合拍了大型历史传奇故事片《苏禄国王与中国皇帝》。

墓的周围为苏禄王后裔的村庄——北营古村，主要为苏禄王直系后裔、安氏后裔、温氏后裔，其他多为王族仆人后裔，以夏、马姓为主。北营古村自建立至今已有近 600 年历史，并紧邻古运河；近600 年来，苏禄王后裔一直"围墓而居"，是典型的异邦守陵村落。

2. 古村布局

北营古村的总体布局是以苏禄王墓为核心，向四周扩展，以苏禄王墓陵道为轴线，形成东、南、西、北 4 片，各片布局相对均衡。道路纵横交错，呈方格网状式，道路强调纵向为主，横向为次，整个村落布局紧凑、严谨。四周界限明确，多以河道围绕。村落内围绕苏禄王墓区，布置海子（湖），现仅存墓地西侧海子，其他均填平为陆地。

牌坊

清真寺礼拜堂

陵恩殿

3. 建筑特色

北营古村具有历史价值的建筑
有：苏禄王陵、子陵、清真寺等。
其中，王陵园区为国家重点文物保
护单位，占地约 5.3 公顷，墓高 4.2
米，直径 16.6 米。墓区苍松翠柏，
郁郁葱葱。神道前竖立着石头牌坊，

清真寺入口

两侧对称排列石狮、石虎、石豹、石羊和华表等石仪，石刻雕凿精致，形象生动。尽头处是威严的仪门，后为恩门、正殿、东西配殿，依序排列。正殿正中，高悬着苏禄国王巨幅画像，正殿后正中是一个硕大的圆顶土冢，墓碑上书"故苏禄国恭定王墓"。陵墓完全是中国式的丧葬规制。王墓东南侧的永乐帝御碑亭内，有明成祖亲撰"御制苏禄王东王碑"的碑文，额雕蟠龙，龟趺承驮。碑亭旁边是其王妃、二子温哈喇、三子安都鲁之墓。

陵园南侧是一座清真寺，始建

清真寺西立面

于明朝，后几经重建。现存清真寺为抗战时期重建，是一进合院式中式伊斯兰风格的建筑。寺门为三开间单檐歇山顶式建筑，主殿礼拜大殿为典型的中式伊斯兰风格的建筑，即东立面细部采用了伊斯兰风格的门楣、窗楣及其山花等装饰物与装饰柱，西立面屋顶部位则为四角攒尖顶。清真寺的不断重建见证了守陵村的发展，是伊斯兰教在中国传播和演化的载体。围绕陵区的居住建筑都是居民自发修建的低层砖木建筑，多数为一进合院式。

4. 保护建议

苏禄王陵及守陵村——北营古村的价值主要体现为：（1）它是大运河的有机组成部分，是大运河复兴、申遗的重要节点；（2）苏禄王陵是具有国际价值的遗产，拜祭王陵是具有国际意义的行为（中菲传统友谊的见证）；（3）苏禄王墓及其守陵村具有唯一性、特殊性、包容性、交融性与文化多样性，是中国运河文化线路中文化多样性的重要例证和特殊的文化现象。

目前北营古村总体保存较为完整，但村庄卫生环境亟待整治；其次，应尽快加强对村民自建房的控制，严格限制建设高度与建筑风格杂乱无章；再次，沿地块周边，特别是地块北部，村民自建商店、办厂等建设行为较为突出，应加强引导，严格控制，确保守陵村功能不受蚕食。基于此，建议：建设苏禄王陵公园，维系苏禄王陵守陵村整体功能；提升苏禄王陵祭拜仪式的地位，重塑守陵村的风貌，营造与拜祭仪式相符的守陵村风貌；保留部分有价值的建筑——能见证守陵村发展的各时期代表建筑；回迁部分后裔，作为拜祭活动的活载体；将废置工业建筑改造成为苏禄王陵守陵村的旅游服务设施、社区服务设施；打造运河畔的异邦守陵村落，融入大运河景观；整合德州及其周边地区旅游资源，形成异邦风情旅游圣地。

图文：
张 杰 同济大学建筑与城市规划学院博士后
庞 骏 东南大学旅游学系副教授，博士
参与调查人员：
钟行明、张 捷、刘 迪、王 征、陶俊峰

350

党家村鸟瞰

陕西韩城党家村

1. 概况

党家村，位于陕西省韩城市东北部，海拔400至460米，西距108国道1.5公里，东距黄河3.5公里，南有泌水河东西向流过。党家村始建于元至顺二年（1331），明永乐年间（1403—1424）开始扩建，后清代继续扩大村落规模并建造了有防御功能的上寨泌阳堡。该村初名"东阳湾"，后更名为"党家湾"、"党家村"，主要为党、贾二姓。

2. 古村布局

党家村依塬傍水，北高南低，村址呈葫芦状，俗称"党圪崂"；又因村落地势低洼，避风向阳，北塬为红色胶泥土，有风不起尘，故有"避尘珠"之称。党家村由村和寨组成，村寨由暗道相通。村子是日常生活的地方，村口设有一水口；村落的骨架由20多条巷道组成，巷道主次分明、曲直有序并符合排水方向：主巷3米左右，东西走向横穿整个村落，次巷、端巷与主巷连接，宽约1.5至2米，巷道地面

352

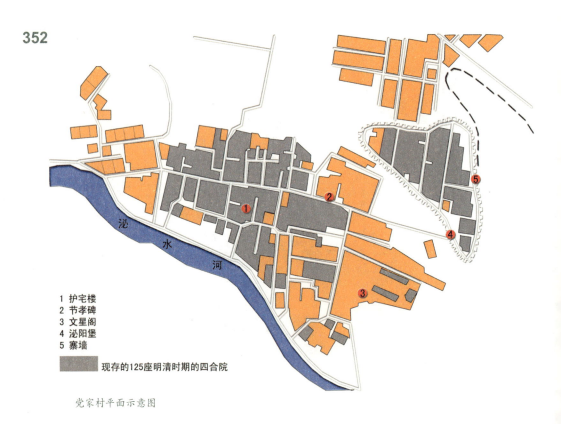

泌 水 河

1 护宅楼
2 节孝碑
3 文星阁
4 泌阳堡
5 寨墙

现存的125座明清时期的四合院

党家村平面示意图

均由条石或卵石铺就，水向路中排以保护墙基，巷道两侧立有高大的"走马门楼"；村中的建筑大门考虑到风水及院落的私密性，均避开巷口，并形成"巷不对巷"、"门不对门"的防御空间。寨子，是躲避战乱、强盗之所，因修在泌水之北，故称为"泌阳堡"，其防御性强，每隔几丈就设有可移动的炮，城堡角上是大炮。

3. 建筑特色

党家村现存民居群中保留完好的宅院有 120 余座（其中祖祠 12 座），均为四合院布局，被称为"东方人类传统民居的活化石"。每个四合院一般占地约 260 平方米，坐北朝南，青砖砌筑，坚固耐用；四合院比较狭窄，呈长方形，开间为 3 间 10 米左右，进深可达 20 至 30 米，由厅房、左右厢房和门房组成。厅房为头，厢房为双臂，门房为足，似人形，寓意"合家欢"。厅房高大宽敞，为供奉祖先和举办宴会的地方，常设檐廊；厢房为起居之室，

党家村主巷

次巷之一 次巷之二

次巷之三

次巷之四

四合院大门之一 四合院大门之二

四合院之一　　　　四合院之二　　　　四合院之三

长幼兄弟按辈分有序地居住其中；门房则为一家之主所住之地，多为2层，入口处2层通高，院门安装在屋脊正下方，上置匾额，装饰精美。院中照壁、门房、厅房合称"三脊"，一脊比一脊高，寓意"连升三级"。

党家村还有一些其他重要的历史建构筑物。护宅楼，位于村子中心，建于民国七年（1918），高约14米，围约15米，为砖砌方形3层式阁楼，四面均开有窗户，登临可望及全村，每天村民轮流站岗放哨，起到看家护宅的作用；节孝碑，集砖雕之大成，碑楼2丈多高，青

节孝碑　　　　　　党祖祠

走马门楼之一　　　　走马门楼之二　　　　　　　　　　　　　　寨子

寨墙

石基座，碑头为悬山两面坡式，斗拱3层，斗拱下面的横额上写着"巾帼芳型"；文星阁，得名于"文星高照"，位于村东南角，始建于清雍正三年(1725)，光绪年间(1875—1908)重建，塔高37.5米，塔围19.5米，6层，六角形，攒尖顶，塔的各层内部供奉着牌位，塔内有木梯，螺旋形直至顶层；宗庙家祠共10处，现保留较好的有党祖祠、贾祖祠等。此外，还有寨墙、戏院、水井等。

建筑上随处可见砖、木、石"三雕"，雕刻精美。砖雕多见于脊砖、门第及宅院里外的照壁处；木雕多

木雕垂花门楼

石雕

用于门窗、家具处；石雕多位于柱石、柱础、上马石、旗杆石等处。

4. 保护建议

　　1991 年，党家村成立文物管理所；2001 年，党家村古建筑群被列入国家重点文物保护单位，其保护范围是：东自泌阳堡，西至西坊塬边，南起南塬崖畔，北到泌阳堡北城墙 50 米处，总面积 1.2 平方公里。同时，党家村也是陕西省历史文化保护村。政府已采用另建新村的方式来完整保护古村落。但目前党家

护宅楼

贾祖祠

村依然存在问题，如古寨墙残破严重，部分塌落；村民的保护意识也较为薄弱；村内基础设施较差，难以满足现在生活功能的需求。建议相关部门对这些问题引起重视，加强保护意识，改善基础设施。

图文：
龚　矗　广州市珠江外资建筑设计院有限公司建筑师

福全古城东南部

福建晋江福全古城

1. 概况

福全古城位于福建省晋江市金井镇东南，东临台湾海峡，与金门岛隔海相望，北接深沪，南连围头。福全古港为东南沿海要冲，自古就是船舶停泊和货物疏散的海上重要门户，在唐代就开始有军队戍守，宋代就成为我国东南沿海的一大商贸港埠。明朝初年，为防御倭寇骚扰，于洪武二十年（1387）设立了福全卫所，成为了沿海五大卫所之一。

2. 古城布局

福全古城城郭的北城墙较长，南城墙呈凸状，整体空间形态呈葫芦形，故也称"葫芦城"。城设4门，为南门、北门、东门和西门。城内街巷纵横交错，主要街巷有北门街、西门街、文宣街、泰福街等，街巷呈"丁"字形连接，故称"丁字街"。现状建筑沿各街巷散布，以东部稀疏，北、西、南部密集为主要特征。整个古城空间布局呈现"三山沉，三山现，三山看不见"："三山沉"

古港遗址

北门水关

东门城墙遗址

是指位于城内的龟池、下街池和官厅池，池底有山岩；"三山现"是指城内的元龙山、三台山和崛山；"三山看不见"是指3座寺庙建在石坡上面而把石坡遮隐了起来。福全古城传承了群众喜闻乐见的嘉礼戏（提线木偶戏）、布袋戏（掌中木偶）、大鼓吹、南音、高甲戏等民间艺术。

3. 建筑特色

361

由于历史的积淀，中原文化、闽越文化和海洋文化的交融，福全古城保存了丰富的历史文化遗存，有古城墙遗址、古建筑、古民居及大量摩崖石刻、碑刻等。福全古城现存元明清时期的建筑及其遗址71处。

（1）福全古城墙

始建于明洪武二十年（1387），经明永乐十五年（1417）、明正统八年(1443)和清康熙十六年(1677)3次重修，城墙全长2145米，宽4.3米，1937年毁于抗战，现古城东部、南部保存了部分清代城墙墙埂。

（2）蒋氏家庙

始建于明天顺七年（1463），五开间五进，现前四进都已倒塌，仅存后面正厅及其基址，旗杆夹石、石鼓等构件。

（3）蒋德故居

又称相国府，位于北门街，建于明代，为三进三开间、双月井、双护厝的单檐硬山式屋顶的古大厝。大门内有一宽阔的大石埕，四

362

街巷

木雕吊花篮

周建有出砖入石的墙，规制宏伟，今尚存花园、围墙、正厅、厢房等建筑物。

（4）林氏宗祠

建于道光二十六年（1846），三开间两落，砖木石结构，为典型硬山顶、燕尾脊闽南石厝，现屋顶破损。摩崖石刻、石塔以无尾塔、溜江洞内摩崖造像及福全摩崖石刻为代表。

（5）无尾塔

建于明代，位于城东，为三层方形实心石塔，筑于条石砌成的方形平台上。塔身底层用条石纵横叠砌，往上逐层收分；二层四角雕方柱，中置堵石；三层四方合石，中

雕一圆洞，塔顶尚存圆鼓石，塔刹已损。该塔为晋江市文物保护单位。

（6）溜江洞摩崖造像

建于宋代，位于城南门外近海天然石洞内，佛像依崖而凿刻，形象古朴传神，为晋江市文物保护单位。

（7）福全摩崖石刻

为明代石刻，位于古城元龙山，有石刻9处，楷书"天子万"、"元龙山"、"山海大观"等，此外，还有三台山禁约石刻等。这些石刻为晋江市文物保护单位。

目前，古城内保存了寺庙遗存19座。城隍庙始建于明初，历代重修。现存者为1983年重修，木石

番仔楼式样民居

陈氏民居

元龙山石刻

八姓府庙

元龙山关帝庙

结构，歇山顶，面阔 3 间，由拜厅、大殿、寝殿等组成；元龙山关帝庙位于元龙山山顶，庙中粉壁有多处名人题诗和名人楹联，为晋江市文物保护单位。

4. 保护建议

福全古城虽然历史资源丰富，但在近些年的发展过程中也存在一些问题，如新建的一些建筑中，存在严重不协调，应加以引导和控制，否则古城传统特征将会逐渐消失。古城整个平面空间形态一直延续着葫芦状和"丁"字街的空间特征，但近些年古城轮廓开始和周边融为一体，这使得传统空间形态呈现出发散化和无序化，一些街巷的格局逐步丧失了原貌。古城以北门街道、西门街道、庙兜街和太福街等几条主要街道构成了古城独有的空间轴

祭祖

线，但现今无控制性的建设破坏了沿街的韵律与节奏。

福全古城所在的福全村是我国第二批历史文化名村。作为明代时期的军事所城，福全拥有丰富的历史文化遗存，是一笔珍贵的历史文化遗产。福全作为晋江著名的侨乡和台湾同胞的寻根之地，对其进行全面保护可以加强同胞之间的文化和情感交流。

鉴于福全古城的经济和文化活力在日渐消退，古城空间肌理亟需整治和恢复，因此，对古城的保护需要加强区域研究，特别是台海之间的研究；要从泉州、晋江市的旅游资源整合角度制定福全古城保护与发展的策略；同时应注重唤起古城的活力，振兴当地的经济文化。

图文：
张　杰 同济大学建筑与城市规划学院博士后
庞　骏 东南大学旅游学系副教授，博士
参与调查人员：
李　建、宿新宝、顾　凯、施华丰、马少亭、杨　杰

崇武古城海滨

福建泉州崇武古城

1. 概况

明初，倭寇屡屡进犯我国沿海城乡。为御倭寇，明太祖朱元璋洪武二十年（1387）在福建泉州惠安县的东南海滨建城设防，设置千户所，即崇武古城，迄今已600余年。

崇武半岛西接大陆，北屏湄州湾，南障泉州湾，东临台湾海峡。崇武古城就坐落在惠安县东南24公里的崇武半岛南端。古城南面临海，海岸线曲折，有"中国最美海岸线"之称。

崇武港是闽中重要的渔港和中心渔场，崇武古城充满了传统渔家的生产生活气息。位于古城东南角、始建于明代的崇武灯塔，是渔民们集资兴建的民间灯塔。作为渔民生活的见证，灯塔为渔民起到了护航的作用。古城内以居住为主，仅西门街和中亭街是传统的商业街道，大部分商铺老号，如"何双益"、"詹泉源"等，多为鱼行或是船头商行。古城内仍保留着部分渔民居住地段和特色民居，如民国时期渔业商人的宅第等。

368

明清时期的崇武古城

崇武古城也是我国仅存的一座比较完整的海滨"石头城"，其完整保留的石砌古城墙始建于明代，是全国重点文物保护单位。其海防古城格局保存完整，古城墙和城内4条连通城门的主要街巷把古城划为四象限格局，城内有古民居近百处；城外礁岩嶙峋，海天一色，为古城营造了独特的自然环境。

南城门

2. 古城布局

369

崇武即"崇尚武备"的意思。古城近处海域岛屿与礁石遍布，易守难攻，历来为国防要塞，戚继光、郑成功都曾在此驻兵。作为明代海防重镇，古城的布局与设施完全从防卫功能出发。

古城墙保存完整，全部由花岗岩条石砌成，周长2567米，城基厚4.54米，城高6.3米。四面设门，东、西、北城门皆加筑半弧形月城，

东城门之一

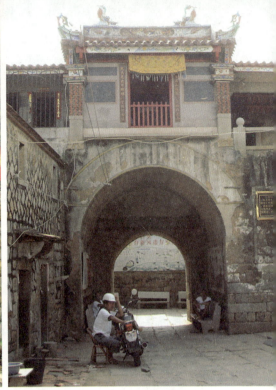

东城门之二

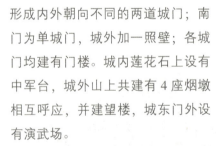

东门街

形成内外朝向不同的两道城门；南门为单城门，城外加一照壁；各城门均建有门楼。城内莲花石上设有中军台，城外山上共建有 4 座烟墩相互呼应，并建望楼，城东门外设有演武场。

　　古城内部格局也秉承了军事防御城市的布局准则：路网密集不规整，以自由式为主；道路多"丁"字路口，多条道路间并不相通，以此防御入侵；街巷尺度及街坊均较小，狭窄的街廓比例和连续的街巷界面，体现出以步行为主的空间尺度和军事防御功能。城内部分建筑布局还依稀反映出曾经的兵营式建筑特色。

　　古城墙、月城、城门楼、烟墩、中军台、演武场以及古城内独具特色的道路系统使得古代完整的沿海军事防御体系在崇武古城得以体现。同时，古城依山海之势而建，攻守兼备，突出展示了崇武古城作为明代海防军事重镇的特点，是一处完整的海防史迹。

传统民居——厝

3. 建筑特色

当地传统建筑多为石砌的条石墙体加红砖雕花、出砖入石、悬山式五脊二落水建筑，整个崇武古城是名副其实的"石头城"。

古城整体的传统建筑风貌以清末民国为主，间有明末及清中晚期特色。其中规模较大、保存较好、特色浓郁的民居宅第有近百处，多为宗祠与祖厝。这些建筑多为悬山式五脊二落水建筑，纵深二进或三进，横排五间张或三间张，形成天井式院落，大门前都有宽大的石埕。建于民国的大厝多为 2 或 3 层，常有西式装饰，较普遍的是西式栏杆、红砖拱窗、西式柱式及天花线脚，有时侧门上方也装饰有西式山花。

崇武古城作为闽中重要的历史

宗祠建筑

372 文化遗产地，不仅民俗活动丰富，还保持着"一城三教"的信仰氛围。古城内寺庙众多，除云峰庵、海潮庵、恒淡庵等佛教寺庵，城隍庙、东岳庙、关帝庙等道家观院外，神庙灵安王庙、圣王公庙、五帝爷宫等民间信仰的庙宇众多，这些宗教建筑至今依旧承担着日常的宗教活动。

4. 保护建议

崇武古城，一片神奇的土地。建筑、环境、空气都散发着神奇而独特的历史气息，不可复制，需要用心去感受。"惠安女"是崇武古城惠东民俗文化中浓重的一笔。惠安女以其勤劳的形象闻名于世。她们头戴披着碎花头巾的黄斗笠，遮住脸颊，上穿蓝色短斜襟衫，下穿黑色低腰宽裤，腰间佩银腰链，这独具一格的惠安女服饰被称为"封建头、民主肚、节约衫、浪费裤"，在古城内也是一道亮丽的风景。此外，作为"石头城"，石雕文化在崇武古城中有着举足轻重的地位。石雕不仅运用在建筑装饰和城市雕

古城小巷

373

钱侯巷

塑中，各类石雕工艺品也为宣传惠东民俗文化起到了重要的作用。

需要指出的是，明代古城墙现今杂草丛生，并有部分地段被非法占用；城内新建建筑高度、体量等与历史风貌冲突；古城南面的石雕园建设过分人工化，改变了沿海的自然景观与历史环境。建议整治不协调的建筑与环境，恢复古城历史风貌。

图文：
周丽娜　同济大学国家历史文化名城研究中心规划师
苗　阳　同济大学国家历史文化名城研究中心注册建筑师，博士

右玉古城墙

山西朔州右玉古城

1. 概况

右玉古城位于山西省朔州市右玉县，东距大同仅80公里，旧称"朔平"，是我国历史上重要的边防重镇，和平年代的商贸关隘。

右玉是明初沿边疆修建的设防城堡之一。古城初建于明洪武年间（1368—1398），永乐七年（1409）建制大同右卫，正统年间（1436—1449），将关外的玉林卫迁附入大同右卫，改称右玉。清乾隆以后施行怀柔政策，右玉等军事重镇防御功能逐渐衰退，转型为重要的商贸关口。近代通内蒙的京包铁路修筑后，古城失去其在经济上的地位。20世纪70年代，建设新城，仅有部分居民留守，延续至今。

民居门头

修复的长城及关隘

古城街道之一

2. 古城布局

古城格局至今保存完好，1963年同济大学曾对此有调研，当时测绘的老城格局至今无重大改变，东西约1117米，南北约1460米，城周长6083米。东、西、南、北分别有和阳、武定、永宁、镇朔4个城门，包墙的砖虽大都被拆，但仍有散落在城墙内外。城门、墙基及土坯依旧完整，瓮城及北门的翼城保存完好，月城尚有遗迹可考。城内"十"字街道仍保留原有尺度，沿街商铺基本维持原有样式，酒肆、当铺、票号、商铺尚有留存，部分建筑木雕、砖雕精美。

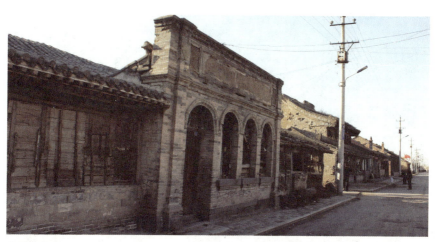

古城街道之二

378 ## 3. 建筑特色

古城内尚存有天主教堂、寺庙、清真寺等宗教建筑，以一、二层建筑为主，多为清代修筑。

古城北侧不远处便是万里长城，在历史上曾筑有过 5 道之多。长城内分布诸多当时屯兵御敌的据点——堡，至今保存完好的有 30 余座，遗迹可考的超过百座。这些古堡和绵延的古长城、墩台与卫城构成了一套完整的防御工事，是研究古代兵防的重要遗存。

建筑细部

长城内外壮丽的景色

古堡

清真寺之一

清真寺之二

4. 保护建议

右玉作为西部重要的边防城市，历史上屡次重大变革都在此留下了清晰的烙印。它按照军事要求选址，依规划修筑，是古代城防体系的例证。边境贸易兴起后建筑形态有了演化，也使它区别于一般的边防卫所，其形制典型且保存完整的城镇格局是研究我国城镇历史发展、商贸演变、民族交往的重要的实体遗存，有着重要的考古价值与

380

保宁寺之一

保宁寺之二

天主教堂

古城周围的绿洲

历史意义。

　　新中国成立后 60 多年来的植树造林取得卓有成效的成果，古城周围成为绿洲，右玉已成为整个山西省及诸多面临荒漠化威胁城市学习的榜样。如今更应加强历史文化遗产的保护与古城的复兴，努力造就一座文化复兴的绿洲古城，为后人留下珍贵的财富。

图文：
葛　亮　国家历史文化名城研究中心规划师

图书在版编目（CIP）数据

遗珠拾粹：中国古城古镇古村踏察. 一 / 阮仪三主
编. —2版. — 上海：东方出版中心, 2018.4（2020.5 重印）
ISBN 978-7-5473-1262-9

Ⅰ. ①遗… Ⅱ. ①阮… Ⅲ. ①城镇—介绍—中国
Ⅳ. ① K928.5

中国版本图书馆CIP数据核（2018）第053205号

遗珠拾粹——中国古城古镇古村踏察(一)

出版发行	东方出版中心
地　　址	上海市仙霞路345号
邮政编码	200336
电　　话	021-62417400
印 刷 者	三河市德鑫印刷有限公司

开　　本	715mm×1000mm　1/16
印　　张	25
字　　数	343千字
版　　次	2018年4月第2版
印　　次	2020年5月第2次印刷
定　　价	88.00 元